Harald Seitz
**Morgens um
sieben ist die
Welt schon
ein Chaos**

HARALD SEITZ

MORGENS UM SIEBEN IST DIE WELT SCHON EIN CHAOS

**DER GANZ NORMALE WAHNSINN
EINES VATERS IN ELTERNZEIT
UND WIE MAN IHN ÜBERLEBT**

Pendo München Zürich

Mehr über unsere Autoren und Bücher:
www.pendo.de

ISBN 978-3-86612-230-7
© Pendo Verlag in der Piper Verlag GmbH, München 2010
Satz: Fotosatz Reinhard Amann, Aichstetten
Druck und Bindung: CPI – Clausen & Bosse, Leck
Printed in Germany

Inhalt

Urlaub mit Kindern

Nachwort

Dank

Vorwort

Mein Leben ist vorbei

Es gab einmal einen Film, der hieß: »Das Leben ist ein langer, ruhiger Fluss«. Ich habe ihn zwar nie gesehen, aber der Titel hat es mir angetan. Das war Ende der Achtziger, ich hatte gerade mein Abitur mit mittelmäßigem Erfolg abgeschlossen und ich war naiv: Ich glaubte tatsächlich, dieser Satz träfe mein Leben recht gut auf den Punkt. Seit jedoch meine zwei Kinder auf der Welt sind, ist mein Dasein alles andere als ein fließendes Kleingewässer, das nur hin und wieder mal einen Strudel hervorbringt. Nein, als Elternteil hat man es eher mit einem tosenden Wasserfall zu tun, um die Gefühlslage auch nur annähernd zu beschreiben. Vor allem, wenn man zur frischgebackenen Sorte gehört.

Im Prinzip hätte ich auch vorher schon wissen müssen, dass das Leben doch so einige Überraschungen bereithält. Mein Leben begann nämlich mit aller Härte der Realität. Meine Mutter wollte im Krankenhaus unbedingt pünktlich zu Mittag essen, also presste sie mich nach einem Blick auf die Uhr am späten Morgen heraus. Als dann mein Vater mittags in die Klinik kam, waren ihre ersten Worte (mit vollem Mund): »Na, hübsch isser ja nicht. Hoffentlich verwächst sich das noch.« Glücklicherweise ist man im Alter von einem Tag noch nicht traumatisierbar, sodass alles seinen gewohnten Gang nehmen konnte. Flussmäßig. Lang und ruhig. Fußballverein, Schule, Mädchen, Sänger, Abitur, Ausbildung, Studium. Während der Vorbereitungen zu einem Aufenthalt im südostasiatischen Laos im Hinblick auf meine Diplomarbeit lernte ich dann meine Liebste kennen. Als gebürtige Berlinerin (Ost) hatte sie ein Hauptstadttypisches Auftreten, das ich aus familiärer Rücksicht hier nicht weiter beschreiben möchte, und trotzdem nahm die Liebe ihren Lauf. Ich studierte fleißig zu Ende, begann einen Job als Pressesprecher bei einem gemeinnützigen Verlag, der rund um Lebensmittel informiert, und hatte eine tolle Fernbeziehung zwischen Bonn und Berlin …

Bis, ja bis meine Liebste mich eines Tages mit einem Mitbringsel aus New York überraschte. Aus der Geschenkverpackung kam: Ein Body mit »I love NY« drauf … in einer Größe, die nur eines bedeuten konnte: WIR SIND SCHWANGER! Ja, das mit dem großen WIR dachte ich tatsächlich. Ein absurder Gedanke eigentlich, der sich aber im Laufe der Zeit als ein wahrer roter Faden durch mein neu zu beginnendes Leben ziehen sollte. Ich war schlichtweg so geschockt, dass mir nur ein leises »Ssscheissse …« über die noch wund zu beißenden Lippen kam. Natürlich wollte ich, wie wahrscheinlich fast jeder Mann über dreißig, Kinder haben. Irgendwann. Nicht jetzt natürlich. Aber irgendwann schon. »Ja, das könnte ich mir gut vorstellen.« Da bin ich wohl auch nicht der Einzige, der diesen theoretischen Mist im Konjunktiv von sich gegeben hat. Das Rock-'n'-Roll-Feeling meines doch noch so jungen Lebens war jedenfalls auf einen Schlag weg. Während ich immer noch gebannt auf den Body schaute, dachte ein Teil meines Gehirns darüber nach, ob das jetzt gerade Realität war oder ob ich eventuell just in diesem Moment einen Herzschlag bekommen würde. Last, Verantwortung, Zuverlässigkeit, finanzielle Vorsorge, Rente, Enkel, Tod … meine Güte, war mir schwindelig. Mein halbes Leben zog an mir vorbei, und ich wartete mit diesen Gedankenfragmenten im Kopf etwa eine Viertelstunde darauf, dass sich die Erde öffnen und ich irgendwo an einem australischen Strand wieder herauskommen würde. Doch es passierte wider Erwarten gar nichts. Abgesehen davon, dass ich mich den restlichen Tag über in einer Art Trance befand. Das einzige gedankliche Bild, das sich hinter meinen Augen aufbaute, war ein imaginärer, von mir unterzeichneter Vertrag, in dem stand:

§1 Der Unterzeichner tauscht mit sofortiger Wirkung sein spontanes Leben, den sorgenfreien Mix aus Sex, Drugs und Rock 'n' Roll gegen Windelwechseln, sorgenvolle Nächte ohne Tiefschlaf und sehr, sehr viel Geld weniger in den Taschen.

§2 Laufzeit: mindestens 18 Jahre – ohne Kündigungsrecht.

Schlagartig wurde mir bewusst: Mein Leben ist vorbei! Eben war ich noch ein cooler, scharfer, spannender, witziger und vor allem freier Typ, bald jedoch würde ich ein Windeln wechselndes, angesabbertes und nach Wundcreme riechendes Papa-Weichei sein. ABER: Sie werden sehen, das ist alles nicht so tragisch. Ganz im Gegenteil. Das Leben ist nicht vorbei, sondern man bekommt ein neues Leben geschenkt! Klingt zu kitschig? Stimmt. Diesen Teil überlasse ich doch besser den Schönrednern der Babyliteratur. Stellen Sie sich lieber auf die Realität ein. Meine Realitäten heißen Scott, Jahrgang 2003, und (weil es so viel Spaß gemacht hat) Mette, geboren im Jahr 2007.

Als ich schließlich etwa fünf Jahre später bei der Arbeit bereits meine zweite Elternzeit bekannt gab, folgten daraufhin allerhand Anfragen zu Interviews und Fernsehdrehs. Im Anschluss an ein Interview für die *Brigitte* kamen dann die

Online-Redakteurinnen auf die Idee, ich könnte doch einen Blog über meine Erfahrungen in Elternzeit schreiben. Die Vorstellung, mich als Mann auf der Internetplattform der größten deutschen Frauenzeitschrift zu Wort zu melden, fand ich extrem charmant, vor allem aber war ich damit geradezu verpflichtet, über meine gemeinsame Zeit mit den Kindern zu schreiben. Zwar hatte ich schon nach Scotts Geburt begonnen, eine Art Tagebuch anzulegen, um es ihm dann später, viel später, einmal zum Lesen zu geben, aber wie das mit guten Vorsätzen nur allzu oft passiert, war der Wille größer als das Durchhaltevermögen. Aus dieser Erfahrung heraus packte ich nun die Gelegenheit beim Schopfe. Jetzt musste ich die kleinen Anekdoten für die Ewigkeit festhalten, und ich möchte das Aufschreiben der eigenen Erlebnisse hiermit jedem ganz ausdrücklich empfehlen! Aufgrund des *Brigitte*-Blogs meldete sich die Produktion von Anne Will bei mir, und so fand ich mich auf einmal in einer Talkrunde der ARD wieder mit dem Titel »Kinder, Krippe, Karriere – das Märchen von der Emanzipation«. Lange Rede, kurzer Sinn: ein ziemlicher Hype also. Dabei machte ich bei Mette nichts anderes als ein paar Jahre zuvor bei Scott auch, nämlich zu Hause zu sein und das eigene Kind zu versorgen. Also das, was Milliarden von Frauen in den letzten Jahrhunderten gemacht haben. Ich habe es bis heute nicht so ganz begriffen, was daran so toll sein soll. Und das ist keine Koketterie. Ich bin schon stolz, die insgesamt 17 Monate sehr intensiv mit meinen Kleinen verbracht zu haben, aber als besondere Leistung empfinde ich das nicht wirklich.

Trotzdem habe ich mich an meinem ersten Tag in Elternzeit mit dem Kauf eines Kapuzenshirts belohnt. Weil ich doch so grandios heldenhaft war und als Vater 'ne Auszeit genommen habe. Viele hatten mir gesagt, wie toll sie das fänden, und wenn es das früher gegeben hätte und so weiter. Natürlich gab es auch die, die das Ganze in die Weicheier-Fraktion verlegt haben. »Na, wann gehste denn in Mutterschutz?«, war die immer wiederkehrende und grandios innovative Frage. Für mich war das allemal ein Ansporn, mir »Mutti« auf die Rückseite des Shirts drucken zu lassen. Das mag für einige provokativ sein, für andere ein Statement und für den Rest einfach nur platt und selbst-beweihräuchernd. Ich habe mir das Ding jedenfalls aus Spaß machen lassen, und es war und ist nach wie vor offen-sichtlich eine Einladung zum Gespräch. Wildfremde Men-schen fühlten sich bemüßigt, mich darauf anzusprechen, wenn ich mit diesem Kleidungsstück nebst Kinderwagen in einem Café saß. Das fand ich schon ganz spannend. Offensichtlich ist das Thema »Papa allein zu Haus« gesell-schaftlich immer noch diskussionswürdig.

In der praxisbezogenen Literatur zum Thema Kind sind oft entweder Miesmacher unterwegs oder Schönredner, und der Großteil von ihnen beschäftigt sich mit der reinen Theo-rie. Die Wirklichkeit wird dagegen leider viel zu selten auf-geschrieben. Das soll sich auf den kommenden Seiten än-dern. Viel Freude also beim Lesen.

Vom Mann zum Papa

Schwanger sein

»Schwanger sein ist soooo toll. Ihr Männer habt ja gar keine Ahnung!« Solche Sätze stehen doch nur in Büchern oder sind bedeutungsschwangere Aussprüche aus irgendwelchen Sat1-Vorabendserien. Dachte ich. Bis ich einer ehemals guten Freundin von meinem bevorstehenden Vaterwerden berichtete und genau obigen Wortlaut zu hören bekam. Noch während ihre Worte, respektive Feststellung, ziellos durch meine Gehörgänge wanderten und mein sowieso schon völlig durcheinandergeratenes Gehirn suchten, starrten mich ihre turteltaubenfeuchten, um Verständnis heischenden, strafenden, mit Hass erfüllten Augen an. Dass Frauen gleichzeitig so gegensätzliche Signale aussenden können, ist mir nach wie vor ein Rätsel. Wahrscheinlich hätte ich erwidern können, was ich wollte. Es hätte keine Rolle gespielt. Ich weiß bis heute keine adäquate Antwort auf Aussagen solcher Art. Hin- und hergerissen zwischen tiefstem Verständnis und provozierender Frage suchte ich in meinem Hirn nach den richtigen Worten und stammelte schließlich ein leises »Mhmm!«.

Inzwischen habe ich zwei Schwangerschaften hinter mir. Na gut, nur als mittelbar beteiligter Erzeuger, aber immerhin. Tatsache ist: Frauen verändern sich in der Schwangerschaft. Die Frage ist lediglich, wie stark und wie viele der im Folgenden genannten Symptome tatsächlich auftreten. Während früher ein Buch oder ein Gespräch mit der eigenen Mutter reichte, um sich auf die Schwangerschaft einzustimmen, sind wir heute multimedial: Internet, spezielle DVDs oder Hörbücher, Fachzeitschriften, Schwangerschaftskalender, Newsletter, Ratgeber in groß, klein, dick, dünn; die Auswahl ist riesig. Was aus meiner Sicht allerdings wirklich fehlt, ist eine kleine Anleitung, was Mann während dieser Zeit besser *nicht* machen sollte – das würde einigen häuslichen Ärger ersparen.

Was für Symptome können sich denn nun genau bei schwangeren Frauen so zeigen? Hier einige Beispiele:

Sauberkeitsfimmel: Unentwegt wird gewischt, Staub gesaugt, geputzt, Besteck poliert oder die Spüle trocken gerieben. Ein Laster, das durchaus seine Vorteile hat, aber spätestens nach drei Tagen tierisch nerven kann. Tipp: Nichts anmerken lassen und gegebenenfalls oder nach Aufforderung (mittels böser Blicke) einfach mitmachen.

Ständiges Eincremen: und zwar des gesamten Körpers. Stichworte sind hier Schwangerschaftsstreifen und Cellulite. Das ist jetzt nicht nur so lapidar dahingeschrieben. Ihre Frau hat damit wirklich ein ernsthaftes Problem; also psychisch! Und bitte, bitte, denken Sie am besten nicht einmal an die Kombination Haut und Orange. Selbst dann nicht, wenn die werdende Mutter Ihnen den Rücken zudreht und sich abends vor dem Ins-Bett-Gehen mal wieder von oben bis unten mit sündhaft teuren, öligen Substanzen einbalsamiert. Meine Liebste konnte meine Gedanken spüren – wenn Blicke töten könnten. Ich habe ihr sogar einmal gesagt, dass sie das doch nicht bräuchte, dieses permanente

Cremen. Natürlich ohne die no-no-Worte in den Mund zu nehmen. Das war wirklich ehrlich gemeint. Großer, großer Fehler. Nach zwei Tagen sprach sie dann wieder mit mir … Also, Männer: Schnauze halten und machen lassen.

Klodeckel/Zahnpasta: Man zieht zusammen, erfreut sich eines unbeschwerten Pärchen-Daseins und akzeptiert langsam die kleinen Marotten des anderen. Während der Schwangerschaft ist aber die übliche Toleranz außer Kraft gesetzt. Dummerweise auch noch auf sehr willkürliche Art. Da hat Mann zum Beispiel jahrelang den Klodeckel nach dem Pinkeln im Stehen immer hochgeklappt gelassen. Während der Phase des embryonalen Heranwachsens jedoch kommt das plötzlich einer Katastrophe gleich und löst teils sogar Heulkrämpfe der Mitbewohnerin aus. SIE stellt dann ganz schnell mit brachialer Gewalt vollkommen unlogische Assoziationen her. Aussprüche wie: »Du liebst mich also nicht mehr« unter Tränen auf dem Sofa, während ER bis vor einer Minute noch in Ruhe die Sportschau angesehen hatte, können ohne Weiteres furchterregende Realität werden. Ähnliches kann sich auch schon morgens in aller Frühe abspielen. Während ER gerade sein Nutella-Brot schmiert, hört man ein leises Schluchzen aus dem Bad, weil die Zahnpastatube nicht zugedreht war und das in ihren Augen mit einem Mal ebenfalls eine Geste der verblühten Liebe darstellt.

Tipp: Keine Widerrede. Klodeckel runter. Zahnpasta zu. Fertig!

Heulattacken: Beim Klodeckel oder der Zahnpasta gibt es ja noch einen Anlass, der Ihnen die Stimmungsschwankungen Ihrer Partnerin zumindest ansatzweise erklären kann. Schlimmer sind die spontanen Ausbrüche. Man sitzt abends nach getaner Arbeit ganz ruhig und entspannt zusammen beim Essen. Die Schwangere mit einem Glas Wasser, der Schwangerschaftsverursacher mit einem Glas Wein. Urplötzlich bekommt Erstere feuchte Augen. Das geht dann über in stilles Weinen und endet mit herzzerreißendem Rotz-und-Wasser-Heulen. Innerhalb von geschätzten dreieinhalb Sekunden. Tipp: Fragen Sie nicht. Gehen Sie um den Tisch und umarmen Sie Ihre Liebste so lange, bis der Zeitpunkt erreicht ist, um ein Taschentuch zu holen. Apropos Rotzfahne: Ich habe während der Schwangerschaften in der ganzen Wohnung heimliche Taschentuch-Depots angelegt. Denn der Sprung zum nächsten Tröstinstrument sollte nicht länger als drei Sekunden dauern, sonst besteht die Gefahr einer erneuten Nassorgie. Die Tempo-Lager sind dann in der Wochenbett-Zeit noch viel, viel wichtiger, also die Depots immer auffüllen! Selbstverständlich wurde mir noch ein halbes Jahr nach der Geburt vorgeworfen, ich hätte überall meine Taschentuchpäckchen herumliegen lassen. Ich hatte aber nur schlicht und einfach vergessen, an welchen Ecken ich die Dinger überall versteckt hatte. Das nächste Mal mache ich mir einen Lageplan.

Ordnungswahn: Mit zunehmender Rundung der Liebsten wächst proportional offenbar der Drang, die eigenen vier Wände in eine Landschaft von »Schöner Wohnen« zu verwandeln. Die achtlos abends in die Schlafzimmerecke geworfene Unterhose nebst Socken kann ungeahnter Streitpunkt werden. Auch wenn Mann das Zeug morgens sonst immer in den Wäschekorb entsorgte. Fangen Sie dann bloß keine Diskussion an, wie ineffektiv jetzt der Gang ins Bad wäre, da Sie ja ohnehin am nächsten Morgen diesen Weg einschlagen werden. Das ist eine Steilvorlage, und die Antwort fällt immer gleich aus: »Es sind ja nicht nur deine Klamotten. Immer lässt du alles irgendwo rumliegen.« Tipp: Jacke aufhängen, Schuhe wegräumen, Schlüssel an den vorgesehenen Platz legen, Wäsche gleich in den Schrank oder in die Waschmaschine räumen …

TV-Affinitäten: Natürlich haben Männer und Frauen oft unterschiedliche Vorlieben, was Filme angeht. Doch normalerweise kann man sich am Abend auf einen Kompromiss einigen. In der Schwangerschaft wird aber die Sehnsucht nach Schnulzen offenbar umso höher, je weiter die fetale Phase voranschreitet. Da hatte ich ausnahmsweise Glück. Meine Liebste mochte unverständlicherweise schon immer die sonntäglichen Rosamunde-Pilcher-Verfilmungen. Das machte bereits beim Zusammenziehen in unsere Familienbude einen zweiten Fernseher unumgänglich. Das »normale« TV-Gerät steht nun im Wohnzimmer, und der »Oh Gott, warum hat er mich verlassen, obwohl er mich so liebt«-Fernseher hat im Schlafzimmer seinen Platz gefunden. Testergebnis: unbedingt empfehlenswert. Natürlich sollte man auf die Dosis achten. Getrenntes Fernsehen sollte die Ausnahme bleiben, und ER kann sich auch ruhig mal so einen Schinken in voller Länge geben. Dann kann man auch besser drüber lästern.

Neben solcherlei psychischen Veränderungen gibt es natürlich auch noch die physischen Auswirkungen der Schwangerschaft, und auch die können zum Teil extrem unsexy aussehen. Als meine Liebste mit Scott im Leib umherging, wurden wir noch ziemlich verschont. Da gab es schon einmal die übliche Morgenübelkeit, die Empfindlichkeit gegenüber Gerüchen oder im Endstadium das Wasser, das gleich literweise im Körper meiner Liebsten zu verbleiben gedachte, kein Paar Schuhe passte mehr, was für einige Frauen einer Katastrophe gleichkommen kann. Aber das ist ja nur vorübergehend. Ich schwöre! Zu Beginn der Schwangerschaft mit Mette gab es allerdings eine zweimonatige Phase, bei der ihre Mutter überhaupt nicht mehr aus dem Bett oder von der Couch hochkam. Ständig war ihr schlecht, und sie musste mit einer Schüssel schlafen gehen. Für mich war das natürlich auch ein ziemlicher Horror. Ich wache nachts um drei auf von den Göbelgeräuschen meiner Herzensdame und denke an unsere romantischen ersten Treffen zurück mit Kerzenschein und spanischem Rotwein in einer Sommernacht auf der Wiese der Museumsinsel in Berlin, wir küssen uns leidenschaftlich ... Schluss damit. Wir sind ja jetzt in der knallharten Realität. Also Taschentuch holen (!) und mit der prall gefüllten Schüssel ins Bad.

Ja. So kann das wochenlang gehen. Das hat nichts mit den Bildern aus dem Fernsehen zu tun, in dem in Versicherungswerbungen ganz glückliche Männer ihren Frauen romantisch über den Bauch streicheln und freudestrahlende Paare für die kleinen Ungeborenen einen Bausparvertrag abschließen. Und alle lachen, als ob es kein Morgen gäbe. Wie ich das hasse.

Gehen wir aber zwei Schritte zurück und betrachten noch einmal die psychischen Veränderungen. Die oben beschriebenen Beispiele sind erstens sehr individuell und zweitens oft nur die Spitze des Eisbergs. Also etwa ein Zehntel der für Männer begreifbaren Situationen. Wie aber kommt es dazu? Ganz einfach: Die Hormone sind schuld. Diese winzigen Moleküle warten ein halbes Leben darauf, endlich aktiv zu werden. Sie bekommen bei der Befruchtung dann ein Signal zum Loslegen, spucken noch einmal kräftig in die Hände, grinsen wahrscheinlich dabei spitzbübisch und machen sich ans Werk. Wir geben also den Startschuss und sind so naiv, das überhaupt nicht zu realisieren. Der Mann ist dann sogar noch von den Auswirkungen überrascht. Und das Schlimmste für werdende Papas ist die Einsicht: Die Schwangeren dürfen alles. Sie sind es schließlich, die das Leben schenken. Auch wenn das zu pathetisch klingt. Die Väter haben lediglich die Rolle des Befruchters. Rechnen wir das mal auf. Papas geschätzte 10 Minuten Spaß gegen 9 Monate bzw. 260 Tage bzw. 6240 Stunden bzw. 345 000 Minuten. Das Torverhältnis spricht mit 1 : 34 500 also eindeutig gegen den Mann. Machen Sie sich das immer klar. Das sind nicht nur andere Ligen, sondern komplett unterschiedliche Sportarten!

Aber natürlich hat die Schwangerschaft auch Auswirkungen auf die vordringlichen Interessen von uns Männern. Und das ist ganz eng mit der Vermeidungsstrategie oben genannter zwischenmenschlicher Konfliktpotenziale verbunden. Wenn Mann sich nach dem ersten Schock mit dem kommenden Konstrukt der EIGENEN Familie abgefunden hat, stürzt er sich meist heldenhaft in die anstehenden Vorbereitungen. Da wären zum Beispiel die ganzen handwerklichen Dinge zu regeln: Computer-/Arbeitszimmer in Kinderzimmer umwandeln, »lustige« Tapeten statt Raufaser kleben, Bettchen und Wickeltisch aufbauen oder Kindersicherungen in alle Schubladen und Steckdosen einbauen. Natürlich braucht man vor allem die Kindersicherungen – wenn überhaupt – erst viel später, aber was macht Mann nicht alles, um seine eigene Unsicherheit zu kompensieren. Bei mir hat sich glücklicherweise beim Gedanken ans Tapezieren irgendwann mein Gehirn eingeschaltet, und so sind wir um die wirklich gaaaanz süßen Tapetenmotive mit bunten Clowns, Luftballons oder Fischen mit Nemo-Dekor herumgekommen.

Mein großer Favorit, um mich vom Nachdenken über die zukünftige Veränderung meines Daseins abzulenken, war das Auswerten von Testberichten für sämtliche Babyartikel. Früher war das eher langweilig und nicht zeitfüllend. Da gab es nur die Zeitschrift von der Stiftung Warentest, in der man bei den Verbraucherzentralen kostenlos blättern konnte. Hatte man sich dann zum Beispiel auf das Kinderwagenmodell mit der besten Testbewertung fixiert, gab es das Teil oft nicht mehr im Handel, weil der Test bereits drei Jahre alt war. Wie frustrierend. Im Internetzeitalter, das an dieser Stelle einmal gepriesen werden soll, ist das viel, viel einfacher. Die Schattenseite für Testjunkies wie mich liegt aber auf der Hand: Die unzähligen Informationen verführen seichte Gemüter dazu, wirklich alles zum Thema zu lesen. Dann ist man am Ende zwar keinen Deut schlauer, weil nach vier Stunden am heimischen Rechner nicht mehr klar ist, welche Plattform von welchem Hersteller gesponsert ist und ob das Modell RU270 wirklich so viel besser ist als der KV11, dafür verbringt man aber wesentlich mehr Zeit bei der Recherche. Ich sagte ja bereits, dass das durchaus eine sehr willkommene Ablenkung sein kann.

»Gute« Tipps von Freunden und Fremden

Es scheint ein ungeschriebenes gesellschaftliches Gesetz zu sein. Sobald die nähere Umwelt weiß, dass man Papa wird, ist es mit der üblichen Kommunikation vorbei. Endgültig. Es hagelt von allen Seiten Weisheiten jeglicher Couleur. Und zwar in unglaublicher Schlagdichte und Quantität, sodass es einem normal denkenden Menschen angst und bange wird. Völlig ahnungslos und ohne nuklearen Schutzanzug sieht sich jeder »erstgebärende« Papa einem Heer von kriegslustigen Orks gegenüber, bewaffnet höchstens mit einem Wattestäbchen. Jeder, wirklich jeder (und jede) fühlt sich offenbar verpflichtet, Ihnen Tipps zu geben. Gut gemeinte, versteht sich. Ungefragt, versteht sich. Hier einige Kategorien des kommunikativen GAUs:

Kumpels

Nach einer ersten Phase der Unsicherheit, des Abschiednehmens von einem unbeschwerten Leben, in dem nur Alkohol und Frauen eine Rolle spielten, kam der Zeitpunkt, die Neuigkeit in die Welt hinauszuposaunen. Aufgrund einschlägiger Erfahrungen hatten meine Liebste und ich uns entschieden, bis nach der Unsicherheitsbarriere des dritten Schwangerschaftsmonats mit der Verbreitung zu warten. Jetzt war es also so weit. Stolz und doch mit etwas weichen Knien im Gepäck verkündete ich in kleiner Runde in der Premiere-Kneipe kurz vor Beginn der Bundesliga-Konferenz die freudige Botschaft. »Ach übrigens. Ich werde Papa.« Bevor jetzt alle Sturm laufen und sagen, dass es doch in der deutschen Sprache weiß Gott gelungenere Formulierungen gibt, um eine solche Nachricht unter die Leute zu bringen, machen Sie es doch erst mal besser!

Ich bin mir nicht mehr sicher, was ich für Reaktionen erwartet hatte, aber das, was dann passierte, sprengte meine Vorstellungskraft bei Weitem. »Ach du meine Güte«, »Das darf doch wohl nicht wahr sein«, »Das is ja 'n Ding« und »Das haste jetzt davon« waren die ersten Kommentare. Dann ging es ins Eingemachte: »Na, dann wird das hier eine der letzten Begegnungen mit dir sein« und »Haha, geh bloß abends noch so oft wie möglich einen trinken, solange du noch darfst«. Schöne Kumpels, dachte ich mir noch und erlebte die erste Halbzeit wie im Tagtraum. In der Halbzeitpause war das Thema erst mal so ziemlich tabu, es kam nur während des obligatorischen Halbzeitgangs aufs Klo die Frage, ob ich denn jetzt auch viel häufiger pinkeln gehen müsse. Das hake ich im Nachhinein mal als typisch männliche Naivität ab. Am Ende des Spieltags ging es dann erst richtig los. Ich stellte mich in den zweiten 45 Minuten schon mental auf eine Frage-Antwort-Runde ein, aber es sollte anders kommen. Wer nach dem Spiel noch am Tresen ausharrte, waren jene, die selbst bereits Papa waren. Und auch im Nachhinein lassen sich genau zwei Gruppen von Kumpels unterscheiden: die, die schon durch das Mysterium Kinderkriegen gegangen sind, und solche, die das eventuell noch vor sich haben.

Keine Angst. Sie bekommen von beiden Gruppen dieselbe Anzahl an ungefragten Tipps und Ratschlägen, aber die inhaltliche Einfärbung unterscheidet sich enorm. Die Papa-Gruppe malt Ihnen nämlich fast ausschließlich ein Horrorszenario des Bevorstehenden aus. Das Drehbuch von besonders radikalen Vertretern dieser Gruppe beginnt, wohlgemerkt immer ungefragt, mit den detailreichen Beschreibungen von vollgekackten Wickeltischen und durchgefeuchteter Babykleidung, inklusive Farbe, Konsistenz und olfaktorischen Einzelheiten, die von Kanalarbeitern nicht ausführlicher geschildert werden könnten. Das ist übrigens immer (IMMER) das Erste, was man zu hören bekommt. Woher diese tiefenpsychologisch bedenkliche Neigung zu fäkalterroristischen Erzählungen kommt, kann man erst beurteilen, wenn man selbst durch die Hölle einer Magen-Darm-Erkrankung des Kindes gegangen ist. So sicher wie das Amen in der Kirche folgt dann nämlich Punkt zwei: Die vollgekotzte Wohnung. Die Ausschmückungen, in welche Ritzen das Erbrochene überall gelangen kann, dreht einem spätestens jetzt den Magen um und lässt die Alarmsirenen schrillen. Hinzu kommen dann lockere Sprüche zum Thema Finanzen. »Jetzt bist du der Versorger einer ganzen Familie. Da ist Schluss mit lustig.« So etwas hilft natürlich ganz immens, den psychischen Druck zu verringern, der sowieso schon fast das Druckventil platzen lässt. Die üblichen Geschichten bezüglich des Berges an bevorstehendem schier unüberwindlichem Behördenkram, über den man sich bislang überhaupt noch keine Gedanken machte, gesellen sich zu der Bemerkung, dass man seine eigene Wohnung bald nicht mehr wiedererkennen werde wegen der ganzen Anschaffungen und Umräumarbeiten. Schön ist auch, dass die Beteiligten sich gegenseitig verbal die Bälle zuspielen und ihre Weisheiten mit solch einem Enthusiasmus von sich geben, dass man glauben könnte, sie erzählten gerade die sensationellste Urlaubsgeschichte aller Zeiten (meistens in Verbindung mit zu viel Alkohol). Aber das kleine Häufchen Elend, das still die Rundendynamik über sich ergehen lässt, ist unbemerkt nur noch mit seinen eigenen Gedanken beschäftigt. Auch die Aussicht auf gestrichene Partys und ausschweifendes Wochenendtrinken schockt nicht mehr. Einzig und allein aufhorchen tut man, wenn es um das Sexualleben geht. Das ist natürlich, laut Aussagen der Kumpels, auf Jahre hinaus erst mal gestrichen, und wenn nicht, dann gibt es das höchstens noch als großzügiges Zugeständnis der Frau an den Mann. Nix mehr mit Zügellosigkeit.

Das Ende vom Lied: Ich ging als gebrochener Mann nach Hause. Schicksalsergeben und müde wie seit Jahren nicht mehr. Aber halt. Ich will ja nicht als unterschlagender Nestbeschmutzer in die Geschichte eingehen. Am Ende eines solchen Gespräches mit den Vertretern der Papa-Gruppe kommt ganz, ganz sicher die Aussage: Aber Kinder sind auch was ganz Tolles. Die geben so viel zurück ... Als Nachsatz. Wörtlich. Leise. Ernst und mit tiefer Stimme. Was soll denn das jetzt? Stellt das die vorher geschilderten Szenarien nun als Lappalien hin? Ich jedenfalls war bei diesem Nachsatz noch viel zu beschäftigt mit dem Gedanken an Auswürfe analer und oraler Art und fragte mich gerade, wie ich unbemerkt außer Landes kommen könnte und wie viel ein gefälschter Pass auf der Khao-San-Road in Bangkok wohl kosten würde.

Werdende Großmütter

Die Erfahrung zeigt: Mütter neigen bei angespannten gemeinsamen ersten Abendessen mit der Angebeteten ihres Sohnes oder bei anderen familiären Festlichkeiten dazu, der Dame des Herzens einige Anekdoten aus der Kindheit des Sohnes zu erzählen. Da ist man gerade in der Lage, seine pubertierenden Gefühle einigermaßen zu ordnen, kriegt flaumbärtig aus irgendwelchen Gründen eine Freundin ab, die man auch schon mal küssen durfte, und dann kommt Mutti mit Geschichten aus der Zeit, die man so dringend vergessen möchte. Das fängt in aller Regel ganz harmlos an. Man schiebt sich gerade ein Stück Brot in den Mund und hört mit Schrecken: »Der Harald war wirklich als Baby ein ganz Süßer.« Was sich bei Vätern in dem Drang äußert, dem neuen Freund der Tochter seinen gewünschten Karriereweg aus der Nase zu ziehen, um festzustellen, ob er sich als potenzieller Versorger eignet, ist bei Müttern eher auf den sozialen Aspekt ausgerichtet. Sie preisen ihren Sohn als süß, knuddelig und extrem klug an. Letztere Feststellung belegen sie meist mit der Tatsache, dass ihr kleiner Liebling schon mit anderthalb Jahren einen gaaanz hohen Turm aus Bauklötzchen bauen konnte. Das ist natürlich genau das Gegenteil von dem Bild, das man von sich selbst zu malen versucht hat. Das Attribut »süß« will wohl ein jeder Heranwachsende sofort gegen »cool« oder »spannend« eintauschen. Doch das beeindruckt Mütter natürlich überhaupt nicht.

Irgendwann, so ab dem Alter von etwa dreißig, lassen dann die Bemühungen des Image-Polierens nach. Schlagartig kehren aber diese Geschichten wieder, sobald sich die Aussicht auf die evolutionäre Ernennung zur Großmutter bietet. Meine Liebste (und ich) mussten uns zum Beispiel von der werdenden Oma zum wiederholten Male anhören, wie ich als Baby in die Badewanne Aa gemacht habe. Eine Handlung, die mich bis heute nicht gerade mit großem Stolz erfüllt, aber leider wahr zu sein scheint. Auch die Tatsache, dass ich meiner Mutter beim Stillen die Brustwarzen wund gebissen habe, macht mich in keiner Weise zu einem besseren Menschen. Ödipale Komplexe sind immerhin meines Wissens ausgeblieben. Nicht, dass Sie denken, ich hätte etwas gegen meine Mutter. Im Gegenteil. Mutti ist die Beste, und vor allem bewundere ich sie nach den Erfahrungen mit eigenen Kindern. Früher musste sie sich schließlich ganz alleine um uns Kinder und den Haushalt kümmern. Altes Rollenverständnis eben.

Meine Mutter heißt übrigens Oma, meine Schwiegermutter Omi. Das hat sich aus ganz praktischen Gründen ergeben. Oma ist nämlich schon lange Oma von drei tollen Mädchen, die dazu noch nebst meiner Schwester alle im selben Haus wohnen. Leider etwa 200 Kilometer von uns entfernt. » Option Oma « fällt also für den gewünschten Kinobesuch schlicht aus (ebenso wie » Option Omi «, Entfernung: 600 Kilometer). Jedenfalls hat Oma bereits große Erfahrung mit Enkelkindern und sich mit der Rolle der Großmutter ausführlich auseinandergesetzt. Entsprechend unaufgeregt war sie während unserer Schwangerschaft. Die Tippgeberei hielt sich in Grenzen, und das war sehr entspannt, wenn man das mit Erzählungen von anderen Paaren in derselben Situation vergleicht. Auch Omi in Berlin war erstaunlicherweise sehr unaufgeregt, obwohl das ihr erstes Enkelkind werden sollte. Aber seien Sie sicher: Das läuft nicht immer so harmonisch ab! In vielen Gesprächen mit Freunden und Bekannten in der gleichen Lage habe ich wahre Horrorszenarien mitbekommen. Von werdenden Omas, die ihre schwangeren Schwiegertöchter jeden (JE-DEN) Tag anrufen, sich nach ihrem Zustand erkundigen (Vorwand) und immer neue Tipps (sensationelle) parat haben. »In der Apotheken Umschau habe ich gelesen, dass Ärzte empfehlen ...«, »Mein Nachbar hat von seiner Arbeitskollegin gehört, dass diese Windelauflage, die ihr kaufen wollt ...« oder noch schlimmer: »Du erinnerst dich vielleicht an Tante Traudl, die vor zwei Jahren gestorben ist. Die hatte eine Fehlgeburt, weil sie zu viel Grünkohl gegessen hat«, und zwei Wochen später: »Du erinnerst dich vielleicht an Tante Traudl, die vor zwei Jahren gestorben ist. Die hatte eine Fehlgeburt, weil sie zu wenig Grünkohl gegessen hat.« Da kann ich nur sagen: Bleiben Sie entspannt. Sie sind schon genug gewappnet mit Büchern, Ausdrucken aus dem Internet und der Geburtsvorbereitung. Und wenn Sie Grünkohl mögen und dieser gerade Saison hat, lassen Sie es sich schmecken.

Ein weiteres Phänomen, das immer wieder auftaucht, hat mit Windeln zu tun. Großmütter unserer Generation neigen offensichtlich dazu, vor allem die werdenden Mütter schon vor der Geburt darauf zu polen, die Babys so schnell wie möglich »trocken« zu bekommen. Da hagelt es dann allerhand Ratschläge von »einfach mal aufs Töpfchen setzen« bis »immer nackt rumlaufen lassen«. Das interessiert Sie natürlich erst mal nicht die Bohne. Sie haben ja auch noch gar keine Ahnung, was da wickeltechnisch auf Sie zukommt. Ich kann mir das nur so erklären, dass es zu unserer schließmuskelfreien Zeit noch Stoffwindeln gab. Aus eigener Erfahrung preise ich dahingehend die Raumfahrtindustrie. Mir ist zwar nach wie vor ein Rätsel, warum sich denkende Menschen für Abermilliarden Euro ins All schießen lassen, obwohl ein paar Promille davon schon reichen würden, um hungernden Kindern in Krisengebieten das Überleben zu sichern. Aber den NASA-Jungs haben wir immerhin die glorreiche Erfindung der Wegwerfwindel zu verdanken. Eine Erfindung, die das Leben als Eltern um Äonen erleichtert.

Arbeitskollegen

Ich arbeite größtenteils mit Frauen zusammen. Unser Laden hat nicht nur eine Chefin, sondern insgesamt eine Frauenquote von etwa 60 Prozent. In meiner Abteilung bin ich sogar das einzige männliche Wesen, umgeben von vier Damen. Das Arbeiten macht sehr viel Spaß, aber ob das originär oder monokausal mit dem Frauenanteil zu tun hat, überlasse ich gerne den Sozialwissenschaftlern. Mir ist das eigentlich völlig wurscht. Eine Besonderheit gibt es dann aber doch, wenn man unter Frauen und dabei größtenteils Mehrfachmüttern arbeitet. Sie schwelgen bei der Neuigkeit, dass der Kollege auch bald in den Genuss des Elternwerdens kommt, gerne in Erinnerungen an jede ihrer Schwangerschaften. Einzeln. Hintereinander. Da ich aber alle gerne mag, hatte ich das bald als unabwendbare Zuneigungsbekundung akzeptiert. Man gewöhnt es sich sehr schnell an, zu Angaben bezüglich der »besten Hebamme«, der »schönsten Entbindungsstation« oder der Namen der »dichtesten Windeln« immer wohlwollend zu nicken. Auch werden Tipps und Termine der »gut sortierten Kinderflohmärkte« weitergegeben. Auch mir fielen plötzlich diese von Hand vervielfältigten Zettel mit entsprechenden Ankündigungen immer mehr auf. Sei es an Straßenlaternen oder an den Aushängen im Supermarkt. Waren die da schon immer? Ich fürchte ja. Was bedeutete, dass sich mein bewusstes Wahrnehmungsvermögen ohne mein Zutun verändert hatte. Oh mein Gott! Nur am Rande sei noch erwähnt, dass es sich bei Kinderflohmärkten nicht um Basare handelt, bei denen schwer erziehbare oder beim Super-Nanny-Casting durchgefallene Kinder verhökert werden, sondern hier werden nur die zu klein gewordenen Klamotten von den einen zu den nächsten Eltern weitergegeben.

Wildfremde

Den dramatischen Höhepunkt an gut gemeinten Ratschlägen erfährt man aber erst, wenn der Bauch der Geliebten immer runder wird und nicht mehr zu übersehen ist. Das passiert im Sommer wegen der eher spärlich verhüllten Rundung übrigens wesentlich früher. Eine Situation, die mir unangenehm in Erinnerung geblieben ist, soll hier nur stellvertretend erzählt sein. Wir steigen an einem sonnigen Julinachmittag zu zweieinhalb (7. Monat) in eine Straßenbahn. Es dauert genau 15 Sekunden, bis meine Liebste angesprochen wird. »Na, was wird es denn? Sieht nach einem Jungen aus, gell?« Hartnäckig hält sich ja die Meinung, dass spitzgewölbte Bäuche eher auf einen Jungen hinweisen und Mädchen mehr in die Breite (der werdenden Mutter) gehen. In diesem Fall war das auch tatsächlich so. Wir erwarteten Scott Mitte Oktober. Nun ging das einseitige Fachgespräch aber erst richtig los. Die schätzungsweise Mittfünfzigerin begann: »Ich habe ja selbst zwei erwachsene Kinder. Ist das Ihr erstes? Ja, ja, das wird schon eine Umstellung, wenn ich da zurückdenke, ich habe zwei Söhne und während der Schwangerschaft nur Probleme gehabt, bei meinem Jüngsten war das dann einfacher, diese Morgenübelkeit, also damit hatte ich wirklich zu kämpfen, mein Mann war ständig auf Montage, der war nie da, das war während unserer zweiten Schwangerschaft dann besser, aber damals war das ja noch nicht so, mein Mann wollte auch bei der ersten Geburt dabei sein, das durfte der gar nicht, war mir aber auch ganz recht, dann hat er das nicht so miterleben müssen, diese Schmerzen, und genäht worden bin ich auch, da habe ich erst mal zwei Wochen in der Klinik gelegen, das war was, sage ich Ihnen, nicht mal aufs Klo durfte ich selbstständig.«

Wenn Sie als Leserin oder Leser bei diesem Zitat nun einige Punkte vermisst haben, geht es Ihnen wie mir damals. Wildfremde machen keine Punkte, wenn sie ihre Geschichten erzählen! Ich war in einigen Situationen sogar fast besorgt wegen einer eventuellen Sauerstoffknappheit der Sich-Mitteilenden. Atemholen scheint bei einer solchen Informationsfülle eher ein sekundäres Bedürfnis zu sein. Meine Freundin ließ sich aber nicht abschrecken und bemerkte in der einsekündigen Pause mit dem ihr ureigenen Verständnis, dass das heutzutage ja doch etwas entspannter ablaufe. Ha. Falle. Statt dem zu erwartenden wohlwollenden Lächeln kam die Dame erst richtig in Fahrt: »Na ja, die Schmerzen werden ja nicht weniger, und dass die Männer heutzutage mit in den Kreißsaal dürfen, finde ich schon komisch, aber das muss ja jeder selber wissen, jedenfalls waren die ersten Jahre mit den Kleinen wunderschön, obwohl, wenn ich an das Wickeln denke, meine Güte, da haben Sie den ganzen Tag gut zu tun, und die Nächte schreien die Kleinen immer durch, da machen Sie die ersten Jahre kein Auge zu, mein Mann ist dann ins Wohnzimmer umgezogen, der musste ja fit sein für die Arbeit, ich hab ihn auch immer in Ruhe gelassen, und wenn die Kleinen laut waren, hab ich sie immer gleich genommen, außerdem müssen Sie als Mutter, das ist jetzt mal ein wichtiger Tipp, immer zusehen, dass die Kinder schon schlafen, wenn der Mann nach Hause kommt, der braucht ja schließlich Ruhe nach dem ganzen

Stress im Büro oder auf der Baustelle, und geputzt muss dann natürlich auch werden, aber das macht man ja nebenher, na ja, Sie machen das schon, auf jeden Fall alles Gute und viel Glück.« Sprach's und wir stiegen schnell aus. Es bedurfte genau dreier Haltestellen, um uns von der Dame ihre gesamte Lebensphilosophie aufoktroyieren zu lassen.

Ähnliche Szenen spielten sich so häufig ab, dass wir irgendwann abgestumpft waren. Bis dahin ist es allerdings ein langer, steiniger Weg. Schön ist auch, wenn, um im öffentlichen Personennahverkehr zu bleiben, ältere Menschen von den ihnen zustehenden Gebrechlichkeitsplätzen mit großem Stöhnen aufstehen, um der Schwangeren Platz zu machen. Das kann man diesen auch überhaupt nicht ausreden. Probieren Sie es erst gar nicht. Ich wette mit Ihnen, dass Sie zu hören bekommen: »Nein, nein, ich kann schon noch ganz gut stehen.« Das ist natürlich beim ersten Mal extrem peinlich, kann aber nach einer Gewöhnungsphase durchaus eine interessante Sozialstudie werden. Wenn nämlich gegenüber der Dame ein Anzugträger verbissen in seine FAZ stiert und einen Tick zu spät merkt, dass er ja auch hätte aufstehen können, er aber den richtigen Zeitpunkt zum Reagieren verpasst hat. Er hadert dann mit sich und seinem Selbstwertgefühl, hofft, dass ihn niemand erkennt, und studiert garantiert nicht mehr seine Börsenberichte. Genau in diesem Sekundenbruchteil müssen Sie ihn ansehen. Ein Spaß für die ganze Familie.

Penetranter als die Verbalattackierenden sind die körperfixierten Wildfremden. Man sitzt ziemlich gedankenverloren in einem Café und trinkt seinen Latte macchiato, neben einem die gerundete Geliebte mit Getreidekaffee. Aus dem Nichts tauchen sie dann auf. Frauen, die »ach wie toll« sagen und im gleichen Atemzug: »Darf ich mal anfassen?« Bevor einer von den werdenden Eltern überhaupt reagieren kann, hat dann die Täterin bereits mindestens eine Hand am Bauch der Schwangeren. Was auch immer das soll, es ist auf jeden Fall ein unzumutbarer Eingriff in die Intimsphäre. Eine Frechheit, möchte ich meinen. Was wäre denn, wenn ein Mann in einen Laden gehen, einem weiblichen Gast das Gleiche entgegenschmettern und der Dame dann an den Hintern fassen würde? Der kann ja schließlich auch toll aussehen. Dann wäre aber Rambazamba angesagt. Sexuelle Belästigung. Chauvischwein. Triebtäter. Was bilden sich also jene Frauen ein, die einer werdenden Mutter einfach auf den Bauch fassen? Männer machen das übrigens nicht. Das kann aber auch daran liegen, dass wir alle Alien-Filme mit Sigourne Weaver gesehen haben und so Respekt vor im Körper wachsenden organischen Wesen haben.

Interessant war auch, als mir einmal eine Dame um die achtzig Lenze im Beisein meiner schwangeren Liebsten die Leviten gelesen hat. Sie befahl mir regelrecht, mich gut um meine Frau zu kümmern. Schließlich sei sie es, die die ganzen Schmerzen erleiden würde. Der Schmerzvorwurf ist dabei ein immer wiederkehrendes Phänomen. Dummerweise hört man als Papa in spe nach der zwanzigsten Erwähnung auch gerne mal darüber hinweg. Was es mit diesen ominösen Schmerzen auf sich hat, erfährt Mann dann tatsächlich, aber dafür ohne Schnörkel, erst unter Presswehen …

Geburtsvorbereitung – eine Hebamme macht Alarm

Geburtsvorbereitungskurse versprechen allein vom Namen her etwa so viel Spannung wie das Warten auf einen Linienbus. Sie sind aber scheinbar ebenso unvermeidbare Ereignisse auf dem langen Weg des Elternwerdens. Es gibt zwar noch keine gesetzliche Teilnahmepflicht, und doch kenne ich keine einzige Mutter, die nicht bei einer solchen Veranstaltung war. Angebote gibt es massenhaft. Meistens entscheiden sich die Schwangeren entweder für einen Kurs in einem Hebammenladen oder direkt im Krankenhaus, in dem das kleine Wunder das Licht der Welt erblicken soll. Gerade Letzteres schreibt sich so leicht dahin, aber der Weg, das »richtige« Krankenhaus zu finden, kann in städtischen Gebieten durchaus zur Qual der Wahl werden. Für Menschen, die auf dem Land leben, kommt ja meist nur die nächstgelegene Klinik infrage. Sicher ist es enorm anekdotenreich, sein Kind mithilfe eines Taxifahrers auf dem Seitenstreifen der A4 auf die Welt zu bringen, aber das machen Sie mal der werdenden Mutter klar. Da gehen Sie natürlich auf was? Klar, auf Nummer sicher. Das Thema Sicherheit wird Sie sowieso die nächsten zwanzig, dreißig Jahre nicht mehr loslassen, warum also nicht schon beim kürzesten Weg zur Entbindungsstation anfangen?

Das Krankenhaus-Hopping in Städten mit großer Auswahl an potenziellen Entbindungsorten kann allerdings zu einer Odyssee werden. Zunächst muss Frau sich mit sich selbst einigen, welche Etablissements überhaupt infrage kommen. Geburtshaus, zu Hause oder Klinik? Dass wir uns richtig verstehen: Von Männern wird hier nur erwartet, dass sie bei dieser Entscheidungsfindung zuhören und ab und an Argumente in neutraler Für-und-Wider-Manier beisteuern. Ein demokratisches Mitspracherecht sollte man sich als Bald-Papa wegen der angesprochenen hormonellen Überreizung gleich mal von der Backe schminken. Im Prinzip war ich aber über diese Tatsache sehr froh. Kam mir das Thema Entbindung doch immer noch sehr, sehr unwirklich vor. Unglücklicherweise hatte ich aus überschwänglichem Wissensdrang einmal »Entbindung« gegoogelt. Und dann auf »Bilder« geklickt. Traumatische zwei Minuten blickte ich schier fassungslos auf den Bildschirm. Nein, nein, so hab ich das doch mit der Vermehrung nicht gemeint. Stopp. Das muss doch irgendwie anders gehen, so ohne Blut und Körperflüssigkeiten und Mütter, die nach der Geburt aussehen, als kämen sie gerade von einem Kampfeinsatz im Irak. Also schnell den PC ausmachen und verdrängen. Das holt einen dummerweise nur wieder ein, wenn es tatsächlich so weit ist.

»Wir« haben sowohl Scott als auch Mette im Krankenhaus bekommen. Das setzt voraus, dass man sich während der Schwangerschaft zu »Tagen der offenen Tür« in die Kreißsäle der infrage kommenden Krankenhäuser begibt. Diese Touristenveranstaltungen der bizarren Art laufen immer gleich ab. Zunächst werden alle in einem Vortragssaal zusammengetrieben und erhalten eine Einführung zum Thema Geburt im Allgemeinen. Tenor: Das Kind kommt immer irgendwie heraus aus dem Bauch. Lustig beim Klinik-Hopping ist dann vor allem die Begegnung mit anderen »Betroffenen«. Man tauscht Meinungen und die neuesten Besichtigungstermine der anderen Häuser aus. »Wart ihr schon bei denen? Also das hat uns wirklich nicht zugesagt. Der Arzt war gar nicht sympathisch und die Zimmer überwiegend in Hellblau. Dabei ist doch Rot die Farbe zum Beruhigen« oder »Die haben da nur 200 Geburten im Jahr. Das ist uns zu haarig. Außerdem ist die Badewanne viel zu klein für uns beide«. Ja, ja, da gibt es werdende Väter, die unbedingt mit ihrer unter schweren Wehen leidenden Frau mit in die Geburtswanne steigen möchten. Also, da hört es bei mir jedenfalls komplett auf, und ich bin mir auch sicher, dass der Mutter unter Presswehen die Farbe der Wände so – pardon – dermaßen scheißegal ist.

Meiner Liebsten (und mir) war es wichtiger, in nächster

Nähe von Versorgungsinstrumenten zu sein, falls Komplikationen auftreten. Ich erwähnte es ja schon: Tschüss Freiheit, hallo Sicherheitsdenken. Außerdem gibt es nur hier die Drogen, also schulmedizinische Schmerzmittel wie die Periduralanästhesie (PDA). Zu einem eventuellen Kaiserschnitt muss man auch nicht erst in ein Taxi oder den Rettungswagen, sondern wird nur über den Flur in den OP geschoben. Alles keine schönen Vorstellungen, aber man hat ja schließlich schon genug andere Sorgen. Ein weiterer Pluspunkt für die Klinik ist die Rundum-Betreuung während der ersten Tage nach der Geburt, inklusive kochen, waschen, spülen.

Steht dann der gewünschte Geburtsort fest, kann's ja weitergehen. Geburtsvorbereitungskurs buchen. Meine Liebste entschied sich, wie die meisten Schwangeren, der Einfachheit halber für einen Kurs im ausgewählten Krankenhaus. Da hat man allerdings dann oft auch wieder die Qual der Wahl. So gibt es den Yogakurs für Schwangere, bei dem die Entspannung im Vordergrund steht. Gefolgt von Bauchtanzkursen (ja, das stimmt wirklich!) und der Geburtsvorbereitung im Wasser. Letztere wird oft als Paarkurs angeboten. Grundbedingung ist dabei, dass man gerne taucht; die Abtauchübungen sollen dabei der Atemtechnik und Entspannung dienen. Das hat allerdings nichts mit einer Wassergeburt zu tun. Herrje, ist das kompliziert. Der Kurs Schwangerschaftsgymnastik ist hingegen wieder eindeutig, und was sich hinter dem Angebot »Bauchgipsen« verbirgt, ist ebenso durchschaubar. Darüber hinaus kann man natürlich auch noch etwaige Karma-verbessernde Veranstaltungen besuchen, entweder als Einzelunterricht oder in Gruppen.

Meine Liebste buchte allerdings ganz konservativ einen klassischen Vorbereitungskurs in einem Gymnastikraum, einmal wöchentlich. Bei Scott bzw. kurz vor Scott war ich zweimal dabei. Erwartungsneutral und pflichtergeben betrat ich also mit meiner gerundeten Freundin einen lichtdurchfluteten Raum im Nebentrakt des Krankenhauses. Eine halbe Stunde vorher hatte ich mit wehenden Fahnen mein Büro verlassen, da ich just kurz vor meinem mentalen Feierabend noch eine dringende Anfrage hatte beantworten müssen. Abgehetzt, aber pünktlich traf ich meine Liebste noch im Vorraum der kleinen Turnhalle und bemerkte erst im Nachhinein, wie sie mir einen skeptischen Blick zuwarf. Sie hatte nämlich schon drei Stunden des Kurses hinter sich, während meine Entjungferung noch bevorstand. Zwar hatte sie schon von der »rustikalen« Art der leitenden Hebamme berichtet, aber was mich dann erwartete, war ein Erlebnis der besonderen Art. Die Kursleiterin begrüßte die erstmals anwesenden Erzeuger schon mit einer betonten Abfälligkeit, die ich anfangs noch mit Ironie verwechselte. Das erste Mal stutzig wurde ich, als sie dreimal hintereinander in nicht zu überbietender Mimik und Gestik schilderte, welche Schmerzen die Frauen unter der Geburt aushalten müssten. Gepaart mit einem Blick, der den Wunsch nach der Vernichtung allen männlichen Lebens zu beinhalten schien. Ich fühlte mich sofort an eine sehr strenge Deutschlehrerin aus meiner Unterstufe erinnert, die uns am liebsten immer einzeln zum Vortragen an die Tafel rief. Intuitiv fühlten sich die anwesenden Männer ertappt, ich inklusive. Beschämt schauten wir so konzentriert auf den Holzfußboden, dass ich noch heute sagen könnte, wie viele Fugen meine Füße von der vor uns liegenden Turnmatte entfernt waren (es waren neun). Wir Männer wurden zudem angehalten, bei den Beckenboden-Übungen mitzumachen. Für Frauen ohne Frage unabdingbar, für Männer lediglich ein super Training bei Inkontinenz und Erektionsstörungen. Gerade Letzteres konnte man aber wohl in diesem Kurs gänzlich ausschließen. Da hieß es also kreisen für nix, aber wir Jungs waren bereits so weit eingeschüchtert, dass die Gouvernante auf keine Widerworte stieß. Allerdings war das nur die demütigende Vorbereitung auf den Höhepunkt des Abends: die Vorführung der Welt des Schmerzes. Dazu formte die Kursleiterin mit ihren Händen eine Vagina. Durchmesser etwa zwei Zentimeter. Dann hielt sie eine viel zu große Puppe hoch, deutete auf deren Kopf und meinte, das müsse da durch. Wir Männer könnten uns das kaum vorstellen … Daraufhin ging sie allen Ernstes in die Hocke und schrie wie am Spieß. Mein Männerhirn konnte sich gar nicht entscheiden, was schlimmer war. Eine kreischende Hebamme in einem Gymnastikraum voller unsicherer Paare oder die Tatsache, dass es meiner Liebsten genauso ergehen würde. Wenigstens war zu diesem Zeitpunkt für mich klar, dass ich diesen Kurs genau zweimal besuchen würde. Einmal und nie wieder. Da schaute ich mir lieber eklige Bilder im Internet an. In Vorschuss-Demut versteht sich.

Da der Kurs aber noch eine gute halbe Stunde dauerte, konzentrierte ich mich auf die anderen Anwesenden. Jetzt war nämlich Fragestunden-Zeit. Da gab es zum Beispiel das Paar »Nachfrager«. Kaum hatte die Hebamme eine Frage beantwortet, kam dieses Pärchen in Wallung und stellte die gleiche Frage noch einmal. Nach dem traumatischen Schreierlebnis vielleicht als Ausrutscher entschuldbar, aber die brachten es auf satte vier Doppelfragen! Dann existieren wohl in jedem Kurs die »Besserwisser«, die eigentlich gar keine Fragen nötig hätten, da sie sowieso schon komplett Bescheid wissen, sich aber natürlich trotzdem zu Wort melden. Praktischerweise stellt SIE eine Frage und ER beantwortet sie gleich, als ob er schon mindestens einhundert Kinder selbst geboren hätte. Ganz schlimm wird es, wenn die moderierende Hebamme dann nur noch die Fragen anderer an die »Besserwisser« weiterleitet. Furchtbar. Außerdem bekommt man so Dinge zu Gehör, die man nicht im Entferntesten wissen wollte. So zum Beispiel, dass ER die Plazenta in jedem Fall nach Hause mitnehmen möchte, um sie bei Vollmond unter dem Ginkgo-Baum im Garten seines Einfamilienhauses zu vergraben, das er – ganz nebenbei –, bereits abgezahlt hat. Vielen Dank für die Info!

Mein persönliches Fazit aus dem Vorbereitungskurs ist entsprechend ernüchternd. Für die werdenden Mütter ist das sicher ein »must-have«. Für Väter wie mich, die sich mit ihrer Frau über Atemtechniken und sonstige unterstützende Maßnahmen während der Geburt unterhalten, durchaus entbehrlich. Aber hey, man kann Anekdoten erzählen!

Geburtsabenteuer

Ich bin ein Mann. Das soll natürlich nicht als General-Entschuldigung für alle peinlichen Momente des Lebens gelten, aber ich kann erstens nichts dafür, und zweitens lebe ich schon seit Jahrzehnten mit dieser Tatsachenentscheidung der Natur. Doch es gibt ein elementares Ereignis, bei dem ich Gott, Allah, Buddha und allen anderen höheren Wesen danke, ein Mann zu sein. Die Geburt. Bei Scott waren das satte 46 Stunden (nach dem Blasensprung). Allein bei Letzterem verabschiedete sich meine theoretische Vorstellung eines Familienidylls. Sie wissen schon: Haus, Garten, glücklich spielende Kinder, aus dem Ei gepellte, ausgeschlafene Eltern, die freudestrahlend bei herrlichem Sonnenschein in Ruhe frühstücken ... so was eben. Die Geburt selbst? Schmerzen, Schreie, PDA, Erschöpfung, Tränen. Glauben

Sie mir, spätestens seit diesem Ereignis spüre ich nicht den leisesten Hauch eines Verlangens, mal die Rollen zu tauschen.

Aber natürlich kommen Sie in diesem Buch nicht um eine Beschreibung des einschneidendsten Erlebnisses dieser Erde herum. Immerhin kann ich gleich zwei Geschichten zum Besten geben: Die Geburt von Scott dauerte insgesamt besagte 46 Stunden. Inklusive Wannenbad für die Mutter »zur Entspannung«, was überhaupt nicht half. Nach 24 Stunden in der Klinik hielt es meine Liebste nicht mehr aus und verlangte SOFORT nach einer PDA. Das ist eine sehr schmerzhafte Methode, um Schmerzen zu verringern. Klingt absurd, ist aber so. Meine Liebste jedenfalls stand so unter Schmerzen, dass ich mich geschämt habe für meine Fleischeslust neun Monate zuvor. Selbstverständlich habe ich mehr oder weniger die ganze Zeit versucht, sie zu beruhigen, und habe auch brav meine gelernten Atemübungen mitgehechelt, aber ich schwöre, ich war sehr, sehr nah an einem gefühlten Herzinfarkt. Völlig durch mit allem begann dann die letzte Phase. Eingeläutet von der gerade wieder diensthabenden Hebamme der vorvergangenen Nacht (wir hatten bis dahin also schon drei Schichten verschlissen) mit den Worten an mich: »Wenn Sie während der Geburt in Ohnmacht fallen, lassen wir Sie so lange liegen, bis das Kind auf der Welt ist und die Mutter versorgt.« Wenn dieser Satz fällt, können Sie davon ausgehen, dass es nun wirklich losgeht.

Dann kam er also auf diese Welt. Scott. Mein Sohn. So viele Freudentränen konnte ich gar nicht vergießen. Alles war egal. Die Zeit blieb stehen, und das Leben war unendlich hell und schön. Nichts kam in meinem bisherigen Leben an diesen Moment heran. Außer vielleicht die Geburt von Mette. Bei Kind Nummer zwei lief das Ganze dann wesentlich entspannter ab. Die Wehen begannen frühmorgens, und wir riefen eine Beleghebamme an, mit der wir bereits in Kontakt standen. Nach dem Durchchecken von Mutter und Kind blieben wir noch zu Hause, die Liebste kletterte in die diesmal wirklich entspannende Badewanne, und wir warteten. Fast zu lange, denn als die Hebamme nach drei Stunden wieder zu uns kam, fragte sie nur noch, ob wir das Baby zu Hause bekommen möchten. So schnell war ich noch nie unser Auto holen gegangen. In der Klinik hatten wir dann noch etwa eine halbe Stunde, bevor Mette geboren wurde. Nach der Entbindung ließen wir uns viel Zeit. Mette schlief gerade auf meinem Bauch, als plötzlich ihre Mutter sagte, sie wollte gerne gleich nach Hause. Nach dem üblichen Nähen und dem Check, ob mit Kind und Mutter alles in Ordnung war, ging es tatsächlich gleich nachmittags wieder in die eigenen vier Wände. So hatte also die ambulante Geburt von Mette inklusive An- und Abfahrt etwa ein Viertel so lange gedauert wie die Entbindung von Scott. So geht es also auch!

Der neue Mensch ist da

Die Geburt oder besser die Zeit »unter Geburt« ist also nichts für Zartbesaitete. Machen wir uns nichts vor. Es ist furchtbar! Daher möchte ich hier gar nicht mehr dazu sagen. ER denkt, dass es mit seiner Frau gerade zu Ende geht oder er sie zumindest für die nächsten Jahrzehnte nicht mehr anfassen darf. Viele lernen auch selbst ungeahnte Seiten des Schmerzes kennen (die zerquetschte hingehaltene Hand ist ein reales Klischee) und ein Gefühl der absoluten Hilflosigkeit, an dem man verzweifeln könnte. ABER, wenn man als Paar so ein unfassbares Erlebnis zusammen durchmacht, knüpft das in der Regel ein Band, das niemand jemals zerschneiden kann. Die Geburt eines gemeinsamen Kindes verändert einfach alles!

Sie haben es also geschafft. Haben die Botschaft verdaut, dass Sie in absehbarer Zeit zu dritt sind, die Tiraden der fabelhaften Tippgeber überstanden, die hormonellen Launen der Liebsten abgehakt und das erste Mal die Frucht Ihrer Lenden auf dem Arm gehalten. Das ist tapfer. Relativieren tut sich das höchstens in der Vorstellung, dass das so seit Jahrmillionen läuft, und spätestens das tröstet doch über den einen oder anderen Zweifel hinweg, der einen hier und da mal überfällt. Als Individuum betrachtet haben Sie jedoch gerade einen evolutionären Sprung hinter sich. Zeit, sich auf diesen Lorbeeren auszuruhen, ist aber leider nicht. Um das mit den Worten des legendären Fußballtrainers Dragoslav Stepanovic zu sagen: »Lebbe gehd weider!«

Als ich das erste Mal meinen Sohn auf dem Arm hatte, war er gerade zwei Minuten alt, und ich war verliebt. Eigentlich war ich in diesem Moment in jeden und alles verliebt. Meine Liebste natürlich, die Hebamme, den Anästhesisten, das Geburtsbett, die Waage, selbst in den recht ekligen Mutterkuchen. Selbst Osama bin Laden und George W. Bush hätte ich in diesem Augenblick völlig vogelfrei umarmt und mit ihnen mein Glück geteilt. Vergessen waren mit einem Schlag die Diskussionen über den gemeinsamen Wohnort, die Praktikabilität der Erstausstattung und sogar die Angst vor dem kommenden Leben. In den ersten Stunden von Scotts Leben stand die Welt einfach still. Punkt. Auch die folgenden Wochen waren für uns völlig unwirklich, beinahe surreal. Ich fühlte mich so stolzgeschwellt wie nie zuvor und bekam das Grinsen selbst bei der Schilderung der Entbindung nicht aus dem Gesicht. Letztere Ereignisse erzählt man übrigens besser nur Menschen, die selbst schon Kinder haben. Bei Kinderlosen oder Singles wirkt das Dauergrinsen gepaart mit den kreißsaaleigenen Horrorgeschichten eher schizophren.

Zu Hause mit Kind fühlt man sich dann wie unter einer Käseglocke. Das Leben um einen herum hat sich zwar nicht verändert, aber es wirkt wie gedämpft. Innerhalb der Käseglocke ist jedoch alles anders. Wir teilten uns nun die Wohnung mit einem neuen WG-Mitglied mit familiärer Anbindung. Das erscheint Ihnen jetzt zu hart? Ich sollte von einem neuen Familienmitglied berichten und nicht von einem – ohne Bewerbungsgespräch angenommenen – Mitbewohner? Tja, da verlangen Sie aber was! Ich schäumte, wie gesagt, zwar fast über vor Freude, aber was es mit diesem kleinen Bündel Mensch nun tatsächlich auf sich hatte, konnte ich nicht einordnen. Natürlich hatte ich mir das ein oder andere in der Theorie angeeignet und selbstverständlich wälzte ich, zumindest in Auszügen, auch die Literatur meiner Liebsten. Aber ganz im Ernst: Ich hatte keinen Schimmer, was jetzt wirklich alles auf uns zukam. Ich hatte meinen schrumpligen Sohn auf dem Arm und dachte … nichts. Ich war einfach nicht in der Lage, die Dimension des Lebens zu dritt auch nur annähernd zu beleuchten. Glücklicherweise wusste ich durch die Kinder meiner Schwester, wie man ein Neugeborenes hält, sodass ich nicht ganz so dämlich aussah wie manch ein Papa, der eher an einen Bombenentschärfer erinnert, mit drei Stangen Dynamit auf dem Arm. Ich hatte komischerweise auch keinerlei Berührungsängste, was mir allerdings erst viel später bewusst wurde. Das hat mir wohl auch geholfen, gleich eine Bindung aufzubauen. Leider gibt es viele Väter, die sich einfach nicht an dieses neue, gebrechliche Wesen heranwagen, um »nur nichts kaputt zu machen«. Noch viel mehr Mütter gibt es aber, die ihren Partnern allein mit Blicken geradezu untersagen, das Kleine in den Arm zu nehmen (»Doch nicht so halten ...«). Und wenn zwei dieser Elternteilexemplare zusammenkommen, hat der neue Papa einfach keine Chance. Hier mal der Appell an die männliche Spezies: Ihr könnt da kaum etwas kaputt machen. Und an die weibliche Adresse: Eure Männer machen nix kaputt! Das ist wirklich wichtig. Denn wenn man das mal zu Ende denkt, passiert in den folgenden Jahren was? Genau, die Mamas kümmern sich bei jeder Kleinigkeit ums Kind, und für Papa bleibt nur noch das Spaßmachen, Toben, in den Zoo gehen und so weiter. Das hat aber wenig mit dem eigentlichen Elterndasein zu tun.

Jedenfalls konnte ich meine Wünsche in den ersten Wochen ganz gut durchsetzen, und wir wurden in unserer Dreisamkeit nicht von weiblichem Gluckentum oder männlicher Höhlenschmollerei heimgesucht. Trotzdem kehren Papas oft gerne den Starken oder den Alleskönner heraus. Das geht dann meist auch in die Hose. Ich habe zum Beispiel über zwanzig Windelvorgänge gebraucht, um herauszufinden, wie das genau funktioniert. Meinen Sohn habe ich wie ein rohes Ei mit ganz, ganz dünner Schale auf den Wickeltisch gelegt und unter den Augen meiner Liebsten versucht zu wickeln. Das war zwar nicht das erste Mal, dass ich gewickelt habe, aber immerhin ging es jetzt um das eigene Kind. Allein die Abläufe, was man als Nächstes macht, sobald man die Windel geöffnet hat, wird zur Herausforderung. Kann man jetzt die Beine hochnehmen und dann die Windel wegziehen oder sollte man lieber den Kleinen auf die Seite drehen? Kurz: Ich hatte überhaupt keine Ahnung mehr und habe sage und schreibe zehn Minuten gebraucht, um die neue Windel annähernd korrekt um den unteren Teil des Neugeborenen zu bekommen. Ich wollte ja auch nichts kaputt machen ...

Im Alltag läuft es für den frischgebackenen Papa meistens so weiter wie bisher. Also morgens Richtung Büro und nach der Arbeit das traute Heim genießen und sich über das kleine Wunder freuen. Mama bewältigt unterdessen eine Aufgabe, die sich gewaschen hat. Sie ist vollkommen für das Baby da, geht nicht zur Arbeit und schmeißt noch ganz nebenher den kompletten Haushalt. Das läuft in Varianten sicher etwas unterschiedlich ab, aber generell kann man von dieser Rollenverteilung im Mutterschutz ausgehen. Das mag sich zwar sehr einfach anhören, ist es aber nicht. Denn Papa macht sich in seiner Anfangseuphorie noch nicht klar, was seine Liebste vielleicht auch nur unterbewusst durchmacht. Sie hat nämlich keinen Alltag mehr. Der Job ist zunächst erst mal in weite Ferne gerückt, und sie beschäftigt sich nur noch im Rhythmus des Neuankömmlings. Zusätzlich spürt sie die körperlichen Veränderungen (ja, die gibt es auch nach der Geburt noch) und hat allein physisch mit dem Stillen auch noch die größte Verantwortung. Um jetzt nicht schon wieder Panik unter den Männern zu verbreiten: Ich habe das erst retrospektiv begriffen. Wichtig ist, dass man in dieser Phase versteht, wie eng die Beziehung zwischen Mutter und Kind gerade geknüpft wird. Dummerweise gibt es nicht wenige Väter, die hier die Grundlage für ein sehr langfristiges Trotz-Verhalten legen. Klipp und klar gesagt: Es gibt keinen Grund, eifersüchtig zu sein. Sie spielen in dieser Lebensphase einfach die zweite Geige. Verlangen Sie kein besonderes Lob für Ihre grandiosen Aktiengeschäfte oder besonders schöne Tore beim Fußballturnier am Wochenende. Das spielt keine Rolle. Ihr gemeinsames Kind hat die Hauptrolle und Ihre Partnerin genug damit zu tun, ihren eigenen Platz in der neuen Situation zu finden.

Müde bin ich ...

Durchschlafen ist ein Luxus! Das weiß man natürlich erst zu schätzen, wenn man Kinder hat. Das ist jetzt zwar eine harsche Behauptung, die zum Beispiel Studenten, die mal wieder viel zu kurzfristig für ihre bevorstehenden Prüfungen lernen, zu Proteststürmen veranlassen könnte. Aber allen Nicht-Eltern sei mit einem wissenden Lächeln gesagt: Das ist so!

Die Umstellung auf das Leben mit Baby ist – ich erwähne das bereits – vollkommen. Nichts, rein gar nichts nutzt Ihnen Ihre innere Ruhe, Ausgeglichenheit oder der Einklang mit Ihrem eingependelten Biorhythmus. Da können Sie Ihre Wohnung nach Feng-Shui-Gesichtspunkten einrichten, rein ökologische Lebensmittel konsumieren oder Räucherstäbchen anzünden. Der Alltag wird fremdbestimmt. Und zwar ausschließlich von diesem kleinen Windelträger, der in Ihr bis dahin so ruhiges Leben der Zweisamkeit getreten ist. Der neue Mitbewohner ist – sagen wir es freiheraus – oft eine extreme Nervensäge. Kein Mensch ohne Kinder kann sich vorstellen, wie häufig man mit Kind an die eigene Schmerzgrenze herangeführt wird. Da hat sich wohl einer bei der Entstehungsgeschichte seine Gedanken gemacht. Denn freiwillig würde sonst kein Mensch mehr Elternteil werden wollen. Auch den positivst eingestellten frischgebackenen Eltern begegnet ein Augenblick der absoluten Erschöpfung. Ich habe tatsächlich einige Sekunden meines jungen Vater-Daseins mit dem Gedanken gespielt, »mal kurz Zigaretten holen zu gehen«. Und das Bild »Fenster auf, Kind raus, Fenster zu« ist ebenfalls eine korrekte Beschreibung der spontanen Gefühle bei totaler Ohnmacht. Wie Frauen reagieren, oder zumindest was sie denken, weiß ich nicht. Man spricht ja über solche martialischen Gedanken eigentlich nicht. Ich hatte aber doch irgendwann einmal das Bedürfnis, diese mich gruselnden Einfälle einem befreundeten Mitleidenden zu erzählen. Und siehe da: Ihm ging es haargenauso. Im Anfall der Euphorie, nicht alleine dazustehen, begann ich auch mit anderen Männern darüber zu reden. Ich komme inzwischen zwar nur auf eine Grundgesamtheit von etwa zwei Dutzend Vätern, aber ich kann eine hundertprozentige Übereinstimmung feststellen. Das beruhigt enorm! Gerade als Papa ist man ja oft hin- und hergerissen. Auf der einen Seite freut man sich unbändig über dieses Wunder, das man zusammen mit seiner Liebsten gezeugt hat und das nun mit wachen Augen auf seinen Schöpfer schaut. Am liebsten würde man diesen kleinen Menschen nie wieder loslassen und immerzu knuddeln. Heile Welt also. Und das erwartet auch die gesamte Umgebung. Nämlich, dass man nun das Glück des Lebens gefunden hat und für alle Zeit nur noch lächelnd, glücklich und zufrieden durch seinen Alltag geht. Das tut man vielleicht auch. Die ersten Wochen. Erfüllung pur. Dazu tragen auch die vielen Besuche bei, vor denen man sich kaum retten kann. Baby-Spotting in Reinkultur. Alle wollen mal schauen, beglückwünschen, Geschenke vorbeibringen (ab dem dritten Teddy wird's übrigens langweilig) und natürlich IMMER mal den Zeigefinger in das kleine Händchen halten. Der Greifreflex tut sein Übriges zum Faktor »total süß«. Aber natürlich hat die Medaille zwei Seiten, nur will das niemand hören. Die Umstellung von zwei auf drei Bewohner wird erst nach ein paar Wochen fühlbar. Während man die Schwangerschaft noch mit Einkaufen, Umräumen und dem Tipps-Abwehren verbracht hat, beginnt nach der Geburt der zu meisternde Alltag mit Kind. Nicht dass das besonders ernüchternd wäre, aber eben eine Umstellung, wie man sie sich nicht hätte ausmalen können. Viele Papas ziehen sich zurück, sobald sie merken, dass die Mutter ausschließlich dem Kind ihre Aufmerksamkeit schenkt. Andere gehen sich betrinken. Wieder andere leiden lauthals.

Das Schöne daran ist: Es ist völlig normal! Und noch besser: Sie gewöhnen sich schnell dran und alles wird besser. Also, liebe Papas, bewahrt Ruhe und Geduld.

Wir sind aber erst am Anfang des Lebens mit Kind. Entsprechend sei hier zunächst die harte Realität geschildert. Wir waren ja beim Thema Schlafen. Während man selber also gerade vom immensen Lottogewinn träumt und im Geiste schon das Ferienhaus auf den Bahamas einrichtet, kommt von der Seite ein erstes Lebenszeichen aus der Wiege. Als frischer Papa hatte ich nachts normalerweise einen leichten Job. Mette und Scott wachten beide ziemlich regelmäßig gegen drei Uhr das erste Mal auf im Verlangen nach sofortiger Nahrungszufuhr. Und wenn ich »sofort« schreibe, meine ich das im wahrsten Sinne des Wortes. Direkt, unvermittelt, jetzt, prompt, unverzüglich, unmittelbar, augenblicklich und auf der Stelle. Als Eltern werden Sie das vom ersten Tage Ihrer Dreisamkeit an merken. Mein Part des nächtlichen Stillens beschränkte sich darauf, das Kind aus der Wiege zu nehmen, auf die andere Bettseite weiterzureichen und anschließend wieder einzuschlafen. Besonders Letzteres fällt mir glücklicherweise sehr leicht.

Als Mette vier Monate alt war, sollte auch ich an einem Wochenende endlich mal in das Vergnügen kommen zu erfahren, wie sich die Schlafunterbrechungen für meine Liebste anfühlen. Da es bei ihrem Job-Einstieg gleich ziemlich rundging, sollte es für sie ein kinderfreies Wochenende geben. So beschlossen wir, dass Scott, Mette und ich der Mama mal ganz aus den Füßen gehen würden, außerdem wollte ich schon lange mal wieder meine Mutter in Offenbach besuchen. Mettes Mama hatte fleißig und tapfer genug Milch für die kommenden Tage abgepumpt und in spezielle Gefrierbeutel gepackt. Ja, die gibt es wirklich. Gefrierbeutel für Muttermilch. Man kommt aus dem Staunen manchmal kaum noch heraus. Also rein ins Auto, ab in den Stau auf der A3, entspannte Wickelstopps auf der Raststätte, und schon waren wir da. Für Mette war das der erste Besuch in unserem Großfamilien-Domizil. Denn außer der Oma wohnen im selben Haus noch die Tante und drei Cousinen. Nadine (10), Nicole (8) und Nathalie (5) hatten das »Erstzugriffsrecht« auf Mette, das sie untereinander zwar in Konkurrenz, aber völlig demokratisch lösten. Beim ersten Heimspiel wollte natürlich jedes der drei Mädels so viel Zeit wie möglich mit dem jüngsten Familienmitglied verbringen. Dabei kamen sowohl Oma als auch Tante etwas zu kurz, aber bei drei Kindern in unmittelbarer Umgebung halten sich die Entzugserscheinungen dann doch in Grenzen. Es war also alles in allem ein großes Hallo, es gibt doch fast nichts Schöneres als eine große Familie.

Nachts war dann allerdings der Spaß vorbei. Mette und ich alleine auf der großen Schlafcouch. Es begann um 2.45 Uhr: Kind quakt, aufstehen, in die Küche gehen, den Inhalt des Gefrierbeutels umfüllen in ein Fläschchen, Flasche warm machen, wieder ins Bett, Flasche geben. Das dauerte alles irgendwie länger, als Mette nur aus der Wiege zu nehmen und rüberzugeben. Irgendwann sank ich nach getaner Arbeit wieder in einen wenig erholsamen Schlaf, und um knapp 6 Uhr ging das Ganze dann auch schon wieder von vorne los. Schlafen lohnte nicht mehr, da um 8 Uhr die Nacht endgültig vorbei war. Schließlich wollten ja die großen Kinder zusammen spielen (und Mette herumtragen).

In der zweiten Nacht dasselbe Spiel.

Wenig überraschend daher die Analyse auf der Rückfahrt: So müde und gezeichnet von nur zwei Nächten hintereinander war ich das letzte Mal nach einer Woche durchgehender Feten im Studentenwohnheim. Jede Faser meines Körpers sehnte sich nach Schlaf, und als wir wieder zu Hause ankommen, treffe ich eine frisch aussehende Mutter, die sagt: »Das war toll, endlich konnte ich mal ausschlafen.«

Ich ziehe den Hut noch tiefer vor den mütterlichen Leistungen beim Stillen, Abpumpen und gleichzeitig noch Arbeiten. Das hat die Natur schon ganz gut gemacht. Das is nix für Männer!

Pfeif auf den Karriereknick

Papa will in Elternzeit

Auch wenn Mann in der Schwangerschaft und kurz nach der Entbindung allen potenziellen Streitgründen aus dem Weg gegangen ist, kommt die Stunde der Wahrheit trotzdem unweigerlich auf ihn zu. Und zwar genau dann, wenn es um die Elternzeit geht. Diese sollten die werdenden Eltern im besten Falle schon lange vorher festgelegt haben. Bei uns war das nicht weiter schwierig, da meine Liebste dazu neigt, Termine und Veranstaltungen schon ein halbes Jahr im Voraus zu planen. Ich bin davon regelmäßig überfordert und mache dann meistens nur das maskulin-typische »mmhmm«. Sehr zur Begeisterung meiner besseren Hälfte, die sich regelmäßig beschwert, wenn ich mal wieder einen Termin vergessen habe. Ein typisches Mann-Frau-Ding eben. Jedenfalls macht es Sinn, sich einmal in Ruhe hinzusetzen und zu planen, wie das mit Job, Karriere, Familie so weiterlaufen soll. Dass sich etwas ändert, ist ja auch irgendwann mal einem Mann klar. Ist also besser, das zu klären. Übrigens müssen Sie das auch, denn Ihr Anspruch auf Elternzeit enthält schließlich Fristen gegenüber dem Arbeitgeber. Und der Anstand und der Respekt gegenüber den Kollegen gebietet ebenfalls die möglichst frühzeitige Festlegung auf eventuelle Auszeiten Ihrerseits.

Bei meiner ersten Elternzeit mit Scott war das alles etwas komplizierter. Ich war der Alleinverdiener in Bonn, und meine Liebste musste in Berlin noch ihre Diplomprüfungen abschließen. Scott wurde also mitten in eine Fernbeziehung geboren. Schwierig genug, doch wir waren ja schon ein paar Jahre zusammen, sodass man zwar von »ungeplant« sprechen konnte, aber nicht von »unerwünscht«. Wir haben uns dann entschlossen, Scott in Bonn das Licht der Welt erblicken zu lassen, danach ging ich für ein halbes Jahr mit nach Berlin. Elternzeit für Papa und Diplomprüfungen für Mama. Bei Mette war das Ganze etwas einfacher. Da haben wir alle zusammen in Bonn gewohnt, beide Elternteile waren in Lohn und Brot, und der dreieinhalbjährige Scott war schon im Kindergarten.

Zunächst einmal muss man sich aber darüber einigen, wie man Arbeit und Kinderhüten genau aufteilt. In jedem Fall kann ich nur empfehlen, dass Väter auch einmal in den Genuss kommen sollten, ihr Kind für sich zu haben. Das muss natürlich jedes Paar für sich entscheiden, aber Jungs: Ihr verpasst was, wenn ihr euch total verweigert.

Wenn sich also beide irgendwann einmal auf ein Modell geeinigt haben, ist es Zeit, an den Arbeitgeber heranzutreten. In meinem Fall war das extrem unkompliziert. Ich hatte meine Chefin (Mutter zweier Kinder) auf einer Veranstaltung beiseitegenommen und ihr erzählt, dass wir (!) schwanger sind. Mehr nicht. Bevor ich weitererzählen konnte, stellte sie mir schon die Frage, wann und wie lange ich Elternzeit haben möchte. Ich dachte an ein halbes Jahr, und sie rückte sofort mit Vorschlägen heraus, wie man das entstehende Loch in der Pressearbeit überbrücken könnte. Ein Traum! Wie gesagt, es ging nicht um die Frage OB, sondern nur WIE ich in Elternzeit gehe. Abgesehen davon, dass der Arbeitgeber so gut wie gar kein Recht hat, diesen gesetzlichen Anspruch zu verweigern, ist es natürlich viel angenehmer, nicht um Zugeständnisse wimmern zu müssen. Das ist mit ein Grund, warum ich in diesem Laden arbeite. Hier geht es um pragmatische Lösungen, nicht um Stuhlbeinsägen und Karriereknicke wegen privater Prioritätensetzung. So müsste es überall sein. Ist es aber nicht. Das liest sich jetzt hier so reibungslos, aber mir ging vor dem Gespräch auch der Popo ziemlich auf Grundeis. Und das aus gutem Anlass. Mir waren aus meinem Umfeld nämlich die verschiedensten Horrorgeschichten zu Ohren gekommen. So wurde einem Freund von mir mit Kündigung gedroht, falls er drei Monate aussteigen sollte. Gerne wird offenbar von Personalchefs noch die Weicheier-Karte gezogen. »Warum haben Sie denn eine Frau zu Hause?«, ist eine oft wiederkehrende Provokation. Auch kommen Fälle vor, bei denen der direkte Chef auf das nächsthöhere Alphatier verweist. Hier ist die Masche eine andere: »Wenn Sie bei uns im Unternehmen nicht mehr weiterkommen möchten, dann gehen Sie doch.« Und das sind sicher keine Einzelfälle. Das könnte zwei Fragen aufwerfen: Erstens, wollen Sie wirklich weiter in einem derart unfreundlichen Klima arbeiten, und zweitens, sind die noch ganz dicht? O.K., die letztere ist rein rhetorisch. Tatsache ist, dass es einen gesetzlichen Anspruch auf Elternzeit gibt, der im Bundeselterngeld- und Elternzeitgesetz (BEEG) von 2006 festgezurrt ist. § 15 beschreibt dabei den Anspruch auf Elternzeit:

»Arbeitnehmerinnen und Arbeitnehmer haben Anspruch auf Elternzeit, wenn sie

1. a) mit ihrem Kind,
   b) mit einem Kind, für das sie die Anspruchsvoraussetzungen nach § 1 Abs. 3 oder 4 erfüllen, oder

c) mit einem Kind, das sie in Vollzeitpflege nach § 33
des Achten Buches Sozialgesetzbuch aufgenommen
haben, in einem Haushalt leben und

2. dieses Kind selbst betreuen und erziehen.«

Der Anspruch auf Elternzeit besteht übrigens bis zur Vollendung des dritten Lebensjahres eines Kindes, und der Elternzeitnehmer darf bis zu 30 Wochenstunden »nebenher« arbeiten.

Und bevor Sie jetzt lange nach dem Genehmigungsverfahren suchen müssen, hier die für uns Männer entscheidende Passage aus dem BEEG:

§ 16 Inanspruchnahme der Elternzeit
(1) Wer Elternzeit beanspruchen will, muss sie spätestens sieben Wochen vor Beginn schriftlich vom Arbeitgeber verlangen und gleichzeitig erklären, für welche Zeiten innerhalb von zwei Jahren Elternzeit genommen werden soll. Bei dringenden Gründen ist ausnahmsweise eine angemessene kürzere Frist möglich. […] Die Elternzeit kann auf zwei Zeitabschnitte verteilt werden; eine Verteilung auf weitere Zeitabschnitte ist nur mit der Zustimmung des Arbeitgebers möglich. Der Arbeitgeber hat dem Arbeitnehmer oder der Arbeitnehmerin die Elternzeit zu bescheinigen.

Zusätzlich gibt es noch eine Kündigungsschutzklausel, die im Bedarfsfall nachzulesen ist. Bei schwierigen Vorgesetzten oder Personalern kann ich nur raten: Nehmen Sie immer einen Zeugen, also einen Kollegen, besser noch eine Kollegin mit. Dann wird aller Erfahrung nach das Gespräch nicht durchsetzt mit unprofessionellen oder gar diskriminierenden Äußerungen. Im Allgemeinen werden Sie aber höchstens schräg angeschaut. Lassen Sie sich dadurch bloß nicht verunsichern. Wenn Sie eine Entscheidung gefällt haben, sollte die auch den äußeren Einflüssen standhalten. Das sagt dann auch einiges über Ihr Selbstbewusstsein, und das ist ja immerhin ein sogenannter Soft Skill, der bei jedem Arbeitgeber gut ankommt. Wenn nichts hilft: Augen zu und durch, Sie werden es niemals bereuen!

Bürokratie für Fortgeschrittene – notwendige Behördengänge

Achtung! Jetzt kommen wir zu einem extrem langweiligen Thema. Es geht aber schließlich um deutsche Gründlichkeit, und so ist dieser Punkt entsprechend unverzichtbar: die liebe und gehasste Bürokratie. Mit einem Neugeborenen steht so allerhand auf der Noch-zu-erledigen-Liste. Eine kleine Auswahl soll Ihnen hier einen Vorgeschmack geben.

Geburtsurkunde: Da wäre als Allererstes der Gang zum Standesamt. Vielleicht waren Sie da ja schon wegen Ihrer Hochzeit. Gehören Sie allerdings wie wir zu den unverheirateten Paaren, die ein uneheliches Kind gezeugt haben, ist das Ihre erste Berührung. Das Standesamt ist nämlich zuständig für die Geburtsurkunde. Erwerben Sie dieses Dokument nicht innerhalb einer Woche nach der Entbindung des neuen Mitbewohners, verhalten Sie sich ordnungswidrig, und offiziell existiert dann Ihr Kind gar nicht. Letzteres lässt sich allerdings in der Praxis meist nicht verheimlichen. Spaß beiseite. Wird Ihr Kind im Krankenhaus geboren, erledigt dessen Verwaltung meist schon die Anmeldung von sich aus. Wichtig ist nur, dass man eine beglaubigte Kopie des Familienbuchs dabeihat bzw. bei Unverheirateten die Kopie der Geburtsurkunde der Eltern und den Personalausweis. Bei Hausgeburten stellt die Hebamme die Geburtsanzeige aus. Die muss man dann mit den anderen Unterlagen beim Standesamt vorlegen, und dann erst bekommt man (meistens gegen Gebühr) die Geburtsurkunde. Diese Urkunde ist die Grundlage für alle anderen Behördengänge. Ohne geht gar nichts.

Vaterschaftsanerkennung und Sorgerechtserklärung: Für unverheiratete Paare ist es allerdings wichtig, vor der Ausstellung der Geburtsurkunde eine Vaterschaftsanerkennung vorzunehmen. Der Vater des Kindes muss meistens im Jugendamt persönlich erscheinen und bei der sogenannten »Urkundsperson« vorsprechen. Ein herrliches Schauspiel, das verheirateten, frischgebackenen Eltern leider entgeht. Eine »Urkundsperson« ist nämlich ein insbesondere dazu ermächtigter Beschäftigter des Jugendamtes, unter der Hand auch »Vorleser« genannt. Man muss einen Termin machen, den man bestenfalls schon vor der Geburt erledigt, und dann mit der Liebsten dort eine Nummer ziehen und warten, bis man drankommt. Meine erste Vaterschaftsanerkennung war besonders hübsch. Wir kamen schon nach einigen Minuten dran und konnten die herrliche Atmosphäre des lieblos gestalteten und zugigen Flures der Behörde verlassen, um in ein Büro zu gehen, das in etwa den gleichen Charme hatte. Keine Bilder an den Wänden, der Geruch von altem Papier, die Möbel aus den frühen Achtzigern und – ungelogen – ein Gummibaum in der Ecke. Jetzt muss ich noch vorausschicken, dass wir als Anfänger und Bürokratie-Allergiker zunächst beim Standesamt waren (das selbstverständlich in einem ganz anderen Gebäude war) und uns erst dort gesagt wurde, wir müssten zunächst zum

Jugendamt wegen des noch nicht offiziell geklärten Vaters. Ich war also bis dahin nur inoffizieller Anwärter auf das Amt »Papa«. Jedenfalls saßen wir nun vor der Beamtin des Jugendamtes, der Urkundsperson. Die fragte dann gleich nach der Geburtsurkunde, die wir ja noch nicht haben konnten, weil uns das Vaterschaftspapier fehlte. Sie wissen, was kommt, oder? Klar. Sie sagte natürlich, dass Sie leider keine Vaterschaftsanerkennung ausstellen könnte, wenn die Geburtsurkunde noch fehle. Ich dachte in diesem Moment allen Ernstes, die mache einen Scherz. Mitnichten. Auch unsere Ausführungen ob unseres Erlebnisses im zuständigen Standesamt hinterließ bei ihr nicht den Hauch eines Eindruckes. Mit desinteressiertem Schulterzucken, sie könne da wohl nichts machen, und noch einer Bemerkung, dass das »mal wieder« ihre Arbeitszeit gekostet hätte, wollte die Dame uns gerade hinauskomplimentieren. Höflich und angesäuert, aber völlig spontan sagte ich der Urkundsperson, dass wir so lange in ihrem Büro bleiben würden, bis die Sache geklärt sei. Das war offensichtlich die richtige Herangehensweise, um ihre Dienstleistungs-Windungen im Gehirn zu stimulieren. Plötzlich fing sie nämlich an zu telefonieren und ein paar Faxe hin- und herzuschicken. Gerade bei Letzterem blieb mir der Sinn völlig verschlossen. Das Ende vom Lied war aber, dass offensichtlich alle Unterlagen vorhanden waren und wir mit dem Prozedere beginnen konnten. Dann wurde mir auch klar, warum diese Urkundspersonen auch Vorleser genannt werden. Denn offenbar müssen sie das gesamte zu unterschreibende Dokument laut vorlesen. Und zwar ausschließlich im Beisein des Antragstellers (Papi) und der Kindsmutter (Mami). Beide müssen jeweils ein Dokument unterschreiben. Der Papi, auf dass er seine Vaterschaft anerkennt, und die Mami, weil sie das Ganze gutheißen soll. Es handelt sich also um zwei Dokumente, die inhaltlich allerdings völlig identisch sind, außer den Textstellen »hier: Namen einsetzen«. Die Vorleserin las also erst mir den ganzen Sermon vor, ich unterschrieb, und dann gab es das Ganze noch einmal als Wiederholung für meine Liebste. Damit aber nicht genug. Die Vaterschaftsanerkennung ist nämlich nur die halbe Miete. Um das geruhsame Papa-Dasein vor Vater Staat auch vollkommen sicher zu gestalten, gibt es noch ein Dokument zur Sorgerechtserklärung. Das schloss sich in unserem Falle gleich an; mit demselben Prozedere. Zur Ehrenrettung des Bonner Jugendamtes soll aber hier erwähnt sein, dass dieser Behördengang bei unserem zweiten unehelichen Kind Mette wesentlich reibungsloser verlief. Diesmal war es ein männlicher Vorleser, der nicht nur freundlich war, sondern auch mit gesundem Menschenverstand an die Dokumente ging. Vorlesen musste er zwar auch, aber eben nur jeweils einmal.

Kindergeld: Haben Sie Ihr Kind dann so weit, dass es auch amtlich auf dem Papier vorhanden ist, dann geht es gleich weiter mit den Anträgen. Am Anfang ist das kleine Bündel, das da so friedlich auf dem Arm liegt und schläft, zwar eigentlich alles, was einen interessiert, aber man sollte ein kleines Fenster zur realen Welt geöffnet lassen. Das Kindergeld zum Beispiel wird »nur« für ein halbes Jahr rückwirkend bezahlt. Entsprechend sind Eltern gut beraten, das so schnell wie möglich bei der Familienkasse des Arbeitsamtes, pardon, der Agentur für Arbeit, zu beantragen. Je länger man damit wartet, desto eher gerät der staatliche Zuschuss in Vergessenheit.

Kinderreisepass: Weiter geht es dann mit einem amtlichen Ausweis, dem Kinderreisepass. Den vor ein paar Jahren noch üblichen Kinderausweis gibt es nicht mehr. Dafür ist der Kinderreisepass bis maximal zum zwölften Geburtstag gültig, was das zu erbringende Lichtbild in Richtung Lächerlichkeit rückt. Denn wenn Sie den Pass mit einem aktuellen Bild Ihres Sprösslings in einem Alter von sagen wir zehn Monaten beantragen und Sie dann vier Jahre später in eine Zollkontrolle geraten, hilft das Lichtbild zur Identitätserkennung extrem wenig. Das Bild muss zudem noch strengen biometrischen Bestimmungen genügen. Kostprobe gefällig? Hier ein Auszug aus der Fotomustertafel der zuständigen Behörde, der Bundesdruckerei:

»Bei Kindern bis zum vollendeten 10. Lebensjahr sind folgende Abweichungen bei der Gesichtshöhe und im Augenbereich zulässig: Die Gesichtshöhe bei Kindern muss 50–80 % des Fotos einnehmen. Dies entspricht einer Höhe von 22–36 mm von der Kinnspitze bis zum oberen Kopfende. Dabei ist das obere Kopfende unter Vernachlässigung der Frisur anzunehmen. Wegen des häufig nicht eindeutig zu bestimmenden oberen Kopfendes sind Passfotos jedoch erst dann abzulehnen, wenn die Gesichtshöhe 17 mm unterschreitet oder 40 mm überschreitet.« Immerhin sind bei Säuglingen und Kleinkindern zusätzlich »Abweichungen in der Kopfhaltung (nicht von der Frontalaufnahme!), im Gesichtsausdruck, hinsichtlich Augen und Blickrichtung sowie hinsichtlich der Zentrierung auf dem Foto zulässig«.

Alles klar? Versuchen Sie das bitte einmal einem knapp einjährigen Kind beizubringen. Gesetzt den Fall, Sie haben es selbst verstanden. Meine Erfahrungen sind, dass Mitarbeiter eines Fotostudios genau wissen, was sie da machen. Die allermeisten haben auch noch eine Software, mit der das fertige Bild abgeglichen wird. Also keine Sorge. Fotoautomaten sind aber dabei keine gute Wahl. Jedenfalls muss man mit Geburtsurkunde und dem Profibild zum Einwohnermeldeamt. Ein wichtiger Tipp: BEIDE Elternteile müs-

sen den Kinderreisepass beantragen, sofern der Papa sorge-
berechtigt ist (s. o.). Das heißt, wenn ein Elternteil allein
zum Amt geht, braucht er die Einverständniserklärung des
Abwesenden UND dessen Ausweis.

Elterngeld: Jetzt kommen wir zu einem finanziell sehr bedeutenden Antrag. Das Elterngeld gibt es zusammen mit
dem Gesetz zur Elternzeit noch gar nicht so lange. Seit
dem 1. Januar 2007 haben die Eltern einen staatlichen Anspruch auf eine zeitlich begrenzte Unterstützung während
der Elternzeit. Und zwar maximal 14 Monate unmittelbar
nach der Geburt des Kindes. Dabei hängt die Höhe des
Elterngeldes ursächlich mit dem letzten Einkommen zusammen, übersteigt aber nie den Betrag von 1800 Euro.
Genauer gesagt beträgt das Elterngeld 67 Prozent des in
den zwölf Monaten vor der Geburt des Kindes durch-
schnittlichen monatlichen Nettoeinkommens. Das sind
mindestens 300 Euro, höchstens aber eben 1800 Euro.
Mutter und Vater können den Zeitraum von 14 Monaten
frei untereinander aufteilen. Ein Elternteil kann dabei
höchstens zwölf Monate für sich in Anspruch nehmen,
zwei weitere Monate gibt es, wenn in dieser Zeit Erwerbs-
einkommen wegfällt und sich der Partner an der Betreu-
ung des Kindes beteiligt. Alleinerziehende können die vollen 14 Monate Elterngeld in Anspruch nehmen. Auch hier
wird übrigens Schludern bestraft. Der Antrag auf Elterngeld, der beim Standesamt oder online bei den meisten
Stadtverwaltungen verfügbar ist, muss spätestens drei Monate nach Beginn der Elternzeit bei der zuständigen Eltern-
geldstelle eingereicht werden. Ansprüche, die davor liegen, verfallen. Ich selber kann den Gang zur Elterngeld-
stelle nur empfehlen. Wir haben uns einen Termin geholt
und uns individuell beraten lassen. Das kann bares Geld

wert sein. Und freundlich war die Dame noch dazu. Ein Erlebnis der schöneren Art; vor allem wenn man noch die »Vorleserin« im Gedächtnis hat.

Versicherungen: Wenn Sie glauben, dass das schon alles war, was an bürokratischen Dingen auf Sie zukommt, muss ich Ihnen schon wieder eine schlechte Nachricht übermitteln. Denn hier stand bislang noch nichts über die Absicherung des Kindes. Nämlich indirekt über die jetzt abzuschließenden Versicherungen. Da gibt es ganze vier, die meines Erachtens von großer Bedeutung sind: die Private Haftpflichtversicherung, die Berufsunfähigkeitsversicherung, die Ausbildungsversicherung und die Risikolebensversicherung. Das mag zwar etwas befremdlich erscheinen für Menschen, die gerade das Wunder des Lebens in der Hand halten und noch immer von Tag zu Tag leben, ist aber leider eine Unumgänglichkeit. Stellen Sie sich zum Beispiel vor, Ihr krabbelnder Spross ist einmal mit Ihnen bei Ihrem Chef zu Besuch. Eine kleine Dinnerparty für verdiente Mitarbeiter, die Sie in keinem Fall ausschlagen können, wenn Sie in dem Laden noch was werden wollen. Wegen der *political correctness* ist dazu eben auch Ihre Familie eingeladen. Ihr süßes Krabbelkind wird zur Begrüßung von allen getätschelt, und die Bekundungen, dass es ja soooo groß geworden und ganz der Papa sei, nehmen langsam ab. Ihr Kind verliert innerhalb der nächsten Stunde seine Scheu, erkundet auf eigene Faust das Erdgeschoss der Chef-Villa und landet in einem unbeobachteten Moment mit einem halb vollen Champagnerglas vor der Bang & Olufsen-Anlage – im Wert von knappen 12 000 Euro. Ohne das *worst case*-Szenario nun näher zu beschreiben, könnte man zumindest den finanziellen Schaden mit einer Familienhaftpflichtversicherung auffangen. Die zahlen im Übrigen auch bei der Verletzung der

Aufsichtspflicht bei Kindern unter sieben Jahren. Was allerdings Ihre Karrierechancen angeht, nachdem Sie das Heiligtum Ihres Chefs auf dem Gewissen haben, sei einmal dahingestellt. Jedenfalls werden Sie nicht auf einen Schlag arm.

Unfällen kann man leider kaum vorbeugen. Falls Sie also mal einen haben sollten, könnte die zweitschlimmste Folge sein, dass Sie arbeitsunfähig werden. Das heißt, Ihr Gehalt fällt weg, und von den Zahlungen der Krankenkassen können Sie sich und Ihr Kind auch nicht auf Dauer über Wasser halten. Für so was gibt es Berufsunfähigkeitsversicherungen in den verschiedensten Modellen. Sich zu informieren macht auf jeden Fall Sinn.

Wahrscheinlich wird Ihr Kind mindestens Professor für Astrophysik, Bundespräsident oder Konzertpianist. Dummerweise kostet eine ordentliche Ausbildung, die dummerweise oft zwingend notwendig ist für die sicherlich strahlende Karriere der eigenen Brut, ordentlich Kohle. Eine Ausbildungsversicherung ist daher gar keine schlechte Idee. Vor allem kann man das Finanzielle sehr gut auf die Großeltern schieben. Die haben oft einen gewissen Hang zur Absicherung ihrer Enkel.

Zu guter Letzt gibt es da noch die Risikolebensversicherung. Die ist vor allem für junge Familien interessant. Tritt nämlich der schlimmste Fall ein und ein Elternteil stirbt, kommt diese Versicherung wenigstens für das finanzielle Wohl der Hinterbliebenen auf. Meine Liebste arbeitet in einem Verein, der mit hinterbliebenen Familienmitgliedern Trauerarbeit macht. Und da höre ich Dinge, die mir in manchen Momenten extrem schwer auf der Seele liegen. Da werden seelische Qualen durch die plötzliche Geldnot und all deren Begleiterscheinungen teilweise noch verstärkt. Aus diesem Grund ist eine Risikolebensversicherung bestimmt einen Gedanken wert.

Akzeptanz des Wickelvolontariats

Immer öfter liest man den Satz: »Väter sind ein Gewinn für Unternehmen.« Oft auch mit der zusätzlichen Einschränkung, »wenn aktive Vaterschaft ermöglicht wird«. Das bestätigt zum Beispiel eine Studie der IGS Unternehmensberatung, Köln. Eine Nichtberücksichtigung der Bedürfnisse junger Väter hat demnach negative Auswirkungen auf das Unternehmensergebnis. Mangelnde Motivation und Identifikation, geringere Leistungsfähigkeit und Krankheitskosten seien da nur beispielhaft genannt. Schön zu sehen, dass sich jemand dieses Themas annimmt. Unternehmen wollen ja schließlich die volle Aufmerksamkeit des Arbeitnehmers, und Väter sind schließlich wie Mütter auch 24 Stunden lang Elternteil. Vor Jahren wäre das noch schlicht undenkbar gewesen, aber inzwischen gibt es einige Organisationen, die den Unternehmen zu dem Thema Väter & Karriere Beratung und Qualifizierung anbieten.

Eine Online-Befragung mit dem Titel »Anforderungen von Vätern an einen familienfreundlichen Arbeitgeber« im Auftrag der »Hessenstiftung – familie hat zukunft« vom April 2008 bestätigt den Willen zum gesellschaftlichen Wandel. So sehen sich knapp 43 % der Väter einem (starken) Konflikt zwischen beruflichen und familiären Anforderungen ausgesetzt. Die überwiegende Mehrheit der Väter (71,4 %) befürchtet darüber hinaus negative Konsequenzen durch die Nutzung familienfreundlicher Angebote. Dabei dominiert die Angst vor nachteiligen Auswirkungen auf die Karriere (Karriereknick: 54,3 %). Fehlendes Verständnis von Vorgesetzten und Kollegen werden in gleichem Ausmaß erwartet (ca. 39 %). Was die Bedürfnisse am Arbeitsplatz angeht, könnte das die Herausforderung der Zukunft für familienfreundliche Unternehmen sein. Denn über die

Hälfte der Befragten würden die folgenden Instrumente in Anspruch nehmen, wenn sie frei und ohne Angst vor Konsequenzen wählen könnten:

- Home Office: 66 % (im Schnitt 2 Tage wöchentlich)
- Reduktion der wöchentlichen Arbeitszeit: 58,9 % (im Schnitt um 28 %)
- Gleitzeit/Vertrauensarbeitszeit: 53,1 %
- Elternzeit: 52,9 % (im Schnitt 16 Monate)

Auch die Frage nach (vermutlichen) negativen Konsequenzen im Unternehmen, wenn sie familienfreundliche Maßnahmen in Anspruch nehmen, ist ein Spiegel der gesellschaftlichen Unsicherheit in der Akzeptanz von Familienvätern:

- Negative Reaktionen von Vorgesetzten: 39,4 %
- Fehlendes Verständnis von Kollegen: 39,1 %
- Negative Auswirkungen auf Karriere: 54,3 %
- Verlust des Arbeitsplatzes: 6,6 %
- Keine negativen Folgen: 28,6 %

Personaler in Unternehmen reden da immer häufiger von der »Work-Life-Balance« – für mich persönlich schon heiß im Rennen für das nächste Unwort des Jahres. Tatsache ist aber, dass sich Unternehmen aller Größenordnungen inzwischen Gedanken machen, wie eine familienbewusste Personalpolitik aussehen kann. Ich zum Beispiel würde die Zusage zu einem schicken Dienstwagen jederzeit gegen einen betrieblichen Kindergarten eintauschen. Dummerweise gibt es in meinem Job weder das eine noch das andere, dafür aber jede Menge Positiv-Beispiele. Ich arbeite mit über 60 Kolleginnen und Kollegen zusammen, von denen bereits viele schon vor mir für den Nachschub an zukünftigen Rentenzahlern gesorgt haben. Das heißt, ich konnte mich nach Erfahrungswerten innerhalb unserer Strukturen richten. Das ist natürlich wesentlich einfacher, als wenn man in einem sehr hierarchischen Kleinunternehmen arbeitet. Ich war auch nicht der erste männliche Elternteil, der die Elternzeit in Anspruch genommen hat, nur der, der erstmals für sechs Monate den Job »hinschmiss«. Frecherweise hat mir das so viel Spaß gemacht, dass ich bei Mette sogar noch einmal um fünf Monate verlängert habe. Übrigens ohne großes Murren der Chefetage und der Kollegen! Mit dem Elterngeld war das auch finanziell reizvoll bzw. ertragbar. Und an Abstriche in Sachen verfügbares Geld muss man sich ja sowieso als Eltern gewöhnen ...

Übrigens: Als ich die Elternzeit begann, lag der Anteil männlicher Elternzeit-Beantrager bei 8,5 %. Eine ausbaufähige Quote also, die sich inzwischen auf etwa 20 % eingependelt hat. Da bei meiner ersten Elternzeit, noch ohne Elterngeld, der Männeranteil jahrelang bei etwa 3 % dümpelte, kann man also den Rückschluss ziehen, dass Politik Verhalten beeinflussen oder gar steuern kann. Inzwischen hat sich die Quote vervierfacht (laut Bulletin Nr. 29-1 vom 5. März 2009 / BMFSFJ), was rund 20 000 Papas entspricht. Das sind Zahlen, die beeindrucken. Natürlich ist der wiederkehrende Vorwurf der Überbewertung gerechtfertigt. Für Männer ist auf einmal das interessant, was Frauen seit Jahrtausenden wie selbstverständlich tun. Kaum ist mal ein Mann zu Hause, der sich um den Nachwuchs kümmert, wird ein großes Theater drum gemacht. Da lege ich sofort noch einen Dämpfer nach, denn die Statistik belegt, dass 65 % der glorreichen Vaterhelden nur acht oder neun Wochen in der Babypause waren.

Eine himmelschreiende Ungerechtigkeit also den Müttern gegenüber? Ja, wenn die oft als »neue Väter« bezeichneten Kinderhüter gesellschaftlich oder medial erhöht werden. Mir persönlich geht das übrigens auch oft genug auf die Nerven. Für mich ist die Entscheidung, den Papa mal länger den Behüter spielen zu lassen, völlig normal. Und warum? Weil das unser ganz individuelles Familienmodell ist und es sich so ergeben hat. Fertig. Wie wäre es also, wenn wir das ganze Thema einfach nur zur Kenntnis nehmen würden und gut ist? Jetzt schreibt hier natürlich kein Psychologe, Soziologe oder Gesellschaftswissenschaftler. Daher erwarten Sie bitte keine abschließende Beurteilung. Trotzdem erlaube ich mir zu glauben, dass sich bezüglich des gesellschaftlichen Familienbildes in den letzten Jahren ein wenig mehr Gelassenheit breitmacht.

Nehmen wir als Beispiel einmal die Anfangsphase des Papadaseins. Marina Mülleneisen, ehemalige Leiterin eines Kleinkind-Krabbel-Zentrums, schildert in einer Tagungs-Dokumentation (»Väter können das«, September 2008 an der FH Köln) ihre Erfahrungen mit Vätern in einer Krabbelgruppe: »Die neun einander unbekannten Väter mit insgesamt zwölf Kindern […] erschienen nacheinander, wirkten gelassen und gerieten bereits bei der Ankunft locker miteinander ins Gespräch, als würden sie sich schon kennen. Meist zogen die Väter den Kindern die Jacken erst während der ersten Gespräche aus. Dies ist bei zusammentreffenden Müttern anders, die zunächst erst an die Kinder zu denken scheinen, deren Wohlbefinden deutlicher voranstellen, indem sie diese erst ausziehen, beruhigen wollen, sie betüddeln, auf die neue Umgebung vorbereiten und sich erst danach der Kommunikation mit den anderen Frauen zuwenden.« Mütter hielten sich dagegen anfangs eher in der Kommunikation zurück, um die neue Gruppe zu sondieren und zu beobachten. Mülleneisen weiter: »Die Geräuschkulisse war trotz der zwölf Kinder sehr gering und die meist unter drei Jahre alten Kinder spielten auffallend ruhig und frei, d.h. ohne Anleitung oder Einmischung der Väter. Mütter greifen öfter in das Spielverhalten ein, kommentieren, maßregeln, ermuntern oder halten den Sprachkontakt zu den Kindern, was den Geräuschpegel insgesamt erhöht, weil sich manche Kinder selbstständiger geben wollen, sich wehren und das durch Gesten, Sprache oder gar Geschrei gegen die mütterliche ›Einmischung‹ kundtun.«

Warum ich das so eifrig und lange zitiere? Ich hätte es nicht besser ausdrücken können, denn das deckt sich eins zu eins mit meinen praktischen Erfahrungen.

Und für alle, die immer noch mit dem Totschlag-Argument kommen: »Ja, ich würde auch gerne mal zu Hause bleiben und mich um mein Kind kümmern, aber das geht in unserem Unternehmen einfach nicht«, dem sei Folgendes gewidmet. Eine kurze Geschichte eines Vaters zweier Kinder. Ein Karriere-Mensch, mehrsprachig aufgewachsen und ein stolzer Papa. Mein Papa-Kollege Neven:

»Ich war Unternehmensberater, in einem kleinen Unternehmen mit knapp 40 Mitarbeitern beschäftigt und wollte Elternzeit nehmen. Wir hatten was gespart, und meine Frau ging 100 Prozent arbeiten. Es war nicht einfach, aber meine Chefs haben sich dann auf ein 20-Prozent-Modell eingelassen: Ich bleibe zu Hause, komme einmal die Woche für vier Stunden ins Büro und arbeite die anderen vier bis acht Stunden in Heimarbeit. Es war überhaupt kein Problem. Sicherlich hatte ich in den sechs Monaten Elternzeit nicht die tollsten Projekte, aber ich durfte einen 60-seitigen Fachartikel schreiben, ich durfte mit einem IT-Dienstleister eine Internet-Anwendung entwickeln, ich durfte auf alle internen Veranstaltungen und Schulungen kommen. Ich durfte mit auf die Skifreizeit. Das Beste aber war: Ich durfte ein halbes Jahr miterleben, wie mein Sohn das Sprechen und das Laufen lernte, begeistert auf dem Fahrradsitz saß, zum ersten Mal ein Gummibärchen gegessen hat. Für die acht bis zwölf Stunden Arbeit in der Woche habe ich mir von den 20 % Gehalt eine Tagesmutter geleistet. Und zu meinem Karriereknick: Meine Chefs haben mich am Ende des Jahres befördert.«

Na also, geht doch!

Tausche PC gegen Kinderwagen

Die ersten Tage in Elternzeit

Wenn Sie die ganzen bürokratischen Vorgänge und Formalitäten endlich hinter sich gebracht haben, dann schreien Sie es laut heraus: »ENDLICH ELTERNZEIT«. Ja, das dachte ich tatsächlich zu Beginn meiner jobfreien Zeit. Ich gehöre auch zu denjenigen, die bis dahin dachten, die Elternzeit sei so etwas Ähnliches wie Urlaub. Wenn Sie jetzt lachen, hören Sie bitte sofort damit auf. Das ist sonst wirklich unfair, denn Sie gehören in diesem Fall zweifelsfrei zu den Wissenden. Falls Sie jedoch noch mitten in der Familienplanung stecken, streichen Sie schon einmal das Wort »Urlaub« aus Ihrem aktiven Wortschatz. Dazu mehr im Kapitel »Urlaub mit Kindern«. Jedenfalls stellte sich meine Vorstellung von der Ausgestaltung der anstehenden Zeit ziemlich schnell als recht naiv heraus. Sie werden beim Weiterlesen sehen, das Leben in Elternzeit ist kein Ponyhof.

Meine ersten Tage in »Freiheit« liefen ganz schön zäh an. Ich war gedanklich weiterhin in den letzten extrem hektischen Arbeitswochen, grübelte, was ich noch alles hätte erledigen müssen, und mir war bange, ob die Arbeitskolleginnen mit meinen Unterlagen zurechtkommen würden. Und die ganzen Termine. Hoffentlich vergaßen sie dies nicht und das nicht und … Wer schreit denn da? Zack, holte mich die Realität des ersten Tages meiner zweiten Elternzeit aus den völlig überflüssigen (Alb)träumen des zurückgelassenen Büroalltags: Da war doch was. Ach ja, kein Büro, sondern ich war zu Hause, kein Chef, sondern ein hungriges Baby rief. Also, schnell Mette auf den Arm genommen und die Flasche warm gemacht. Mama hatte vorher wieder fleißig abgepumpt. So sollten wir gut über den Tag kommen. Morgens hatte ich den fast vierjährigen Scott in den Kindergarten gebracht. Das hatte ich auch öfter mal gemacht, als ich noch gearbeitet habe. Wie das klingt. Doch ich konnte mir in diesem Moment noch gar nicht richtig vorstellen, tatsächlich so lange nicht ins Büro zu gehen. Ich fühlte mich wie weggebeamt, und der neue Alltag wollte sich nicht gleich einstellen. Die Kinder betrachtete ich fast ein wenig wie Kunden mit Terminwünschen oder Journalistenkollegen, die einen O-Ton für einen Artikel oder ein TV-Interview brauchen. Der O-Ton von Mette suggerierte zu diesem Zeitpunkt allerdings ausschließlich die umgehende Nahrungsmittelzufuhr und nicht die theoretische Beschäftigung mit dem deutschen Milchmarkt. Immerhin wusste ich aus meinem Studium, wie Milchnahrung hergestellt wird, und kannte die rechtlichen Bedingungen der Lebensmittelkennzeichnung von Anfangsnahrung. Das half mir jedoch hier nicht weiter, schließlich bekam Mette noch Muttermilch und kümmerte sich so keinen Deut um diese interessanten Hintergrundinformationen. Mettes Wünsche waren sehr konkret: Schreien = Hunger. So einfach ist das Leben also.

Es dauerte einfach seine Zeit, bis sich eine gewisse Routine einstellte. In den ersten Tagen schaute ich jedenfalls noch viel zu häufig auf die Uhr. Trinken, schlafen, schreien, trinken ... und ich kam erst sehr langsam dahinter, dass es eine irrige Annahme war, ich würde morgens immer die

Süddeutsche Zeitung von vorne bis hinten lesen können. Heißt ja irgendwie auch Elternzeit, nicht Elternurlaub.

Wenn Sie jetzt denken, dass ich doch eigentlich hätte Übung haben müssen in der Elternzeit mit Kind Nummer zwei, gehen Sie davon aus, dass man so etwas, ähnlich wie Fahrradfahren, nicht verlernen kann. Ich konnte. Bei der Auszeit mit Scott hatte ich außerdem zusätzlich meinen Büro-Alltag auch physisch hinter mir gelassen, da ich für die Elternzeit nach Berlin gezogen war. Das hatte irgendwie mehr Urlaubscharakter, außerdem begann gerade der Sommer. Die Tage sahen dann meist so aus, dass ich Scott auf der Terrasse eine kleine Spielwiese bereitete, meinen Stuhl hinstellte, mir Kaffee kochte und genüsslich in der *Berliner Zeitung* blätterte. Scott war auch sehr genügsam. Wenn es ihm zu langweilig wurde, gab ich ihm einfach den Feuilleton-Teil. Der raschelte offenbar schön genug, und ich hatte das gute Gefühl, ihm damit eine künstlerische und intellektuelle Früherziehung angedeihen zu lassen. Nach dem Lesen kam dann irgendwann der Einkauf, das Saubermachen, Wäschewaschen, Milchwarmmachen, Mittagsschläfchen. Eben das, was man mit so einem Säugling an Tagesablauf hat. Sie wissen, was jetzt kommt. Das ist auf Dauer stinklangweilig. Entsprechend geht es oft genug vor die Tür. Im Park spazieren gehen oder einfach mal schlendern. Das ist aber auch nur zwei Wochen lang interessant. Vor allem, weil der Bewegungsradius mit Kinderwagen ja höchstens zwei Kilometer beträgt. Bei mir kam also nach spätestens drei Wochen »Urlaub« eine gewisse Langeweile auf, und ich überlegte mir, was man mit so einem kleinen Menschen denn wohl noch machen könnte. Da habe ich mir einen Reiseführer von Berlin gekauft. Jetzt lachen Sie bitte nicht. Die Stadt ist wirklich ziemlich groß, und ich hatte nur eine Ahnung von Mitte und Prenzlauer Berg. Ich entdeckte vor allem schöne Radrouten, und so wartete ich ungeduldig auf den Augenblick, in dem Scott sicher im Fahrradsitz sitzen konnte. Von da an machten wir mindestens zweimal die Woche tolle Ausflüge. Rucksack mit Windeln, Feuchttüchern, Thermoskanne für die Milch, Schnuller und sonstigen Kram packen, Kind anschnallen und ab ins Grüne. Klingt doch nach Urlaub? Ist aber nicht immer so.

Eltern-zu-wenig-Zeit

Eigentlich fragt man das ja meist Menschen, die gerade frisch in Rente gegangen sind: »Was machst du denn den ganzen Tag so ohne Arbeit?« Fast immer gekoppelt mit der Behauptung: »Du hast ja jetzt Zeit!« Die Antwort kommt so sicher wie das Amen in der Kirche: Nein, nein, man habe nun erst recht viele Termine und eben gar keine Zeit mehr. Lächelnd drückt der Fragesteller dann sein Unverständnis aus und denkt bei sich: »diese Rentner«.

Während der Elternzeit gibt es ein sehr ähnliches Phänomen. Die Vorstellung, dass der Papa jetzt endlich seine Hobbys vollends ausleben und ständig Vor-sich-Hergeschobenes erledigen könne, entspricht leider ganz und gar nicht der Realität. Ganz zu schweigen von dem eigenen rosaroten Wunschdenken vor »Amtsantritt«. So schlummerten in unserem Keller beispielsweise noch vier Kisten mit Dias, die ich schon während meiner Elternzeit mit Scott sortieren und digitalisieren wollte und einfach nicht dazu kam. Die Plattenstapel (LPs, Vinyl) müssten ebenfalls mal entstaubt und gesichtet werden (der Achtziger-Kram muss mal raus!). Auch der schöne alte Esstisch wartete wie die halbantike Anrichte auf ein neues Furnier-Gewand. Immerhin lagen Nass-Schleifpapier und dunkle Holzlasur schon parat ... im Keller.

Doch ich hatte einfach Eltern-zu-wenig-Zeit. MAN KOMMT ZU NIX! Sie meinen, das wäre etwas zu dick aufgetragen? Da haben Sie schon recht. Abgesehen von den oben beschriebenen Aufgaben, vor denen ich mich noch immer drücke, konnte ich doch einiges tun, was mit dem sonst üblichen Arbeitsalltag in keiner Weise vereinbar gewesen wäre. Das lag (aufgepasst, jetzt lehne ich mich gehörig weit aus dem Fenster) an der mehr oder weniger freien Zeiteinteilung. Vielleicht hatte ich mich auch einfach irgendwann so an den Papa-Stress gewöhnt, dass ich nur das Gefühl hatte, frei über meine Zeit zu bestimmen. Egal. Jedenfalls konnte ich mich vor allem während meiner Elternzeit mit Mette plötzlich ganz anderen Dingen widmen als zuvor. Zum Beispiel hatten wir in unserem neuen Heim endlich den lang ersehnten Garten. Die alte Wohnung war nämlich dann doch etwas zu knapp bemessen gewesen für vier Personen. Nur nebenbei bemerkt: Ein Umzug mit Kleinkind bedeutet übrigens, dass Sie zwei Hände abziehen können beim Schleppen. Einer muss sich schließlich immer um den Nachwuchs kümmern. Glücklicherweise waren wir in der finanziellen Lage, uns das erste Mal im Leben einen Umzugsservice leisten zu können. Ich war in meinem Element, konnte fleißig delegieren und Getränke rankarren, ohne auch nur eine Kiste selbst die Treppen runtertragen zu müssen. Aber ich schweife ab. Wir waren beim Garten. Da wir für den Umzug sowieso schon genug Geld ausgegeben hatten, wollte ich unbedingt im neuen Grün selbst Rollrasen verlegen. Nie und nimmer hätte ich während beziehungsweise neben der Arbeit die Muße gehabt, mich dem Studium einer Rasenneuanlage zu widmen, in der Tat eine Wissenschaft für sich, wie ich bei deren Umsetzung feststellen musste.

Ein anderes Beispiel: Mitten in der Woche fuhr ich mit den beiden Kindern nach Berlin. Eine wunderbare Gelegenheit, das Angenehme mit dem Angenehmen zu verbinden. Omi und Opa freuten sich schon auf Mette und Scott, und meine Wenigkeit brachte einen Großteil der Zeit im Atelier des Schwiegerpapas zu. Mit Bildermalen! Großartig, oder? Nicht, dass ich auf künstlerischen Anspruch malte, aber es war einmal was anderes als Wickeln.

Da gibt es natürlich noch viel mehr Beispiele, wie täglich Kaffee trinken gehen, aus Langeweile ins Mittagsmagazin reinzappen, rumtelefonieren und so weiter. Unverschämterweise kann man das Ganze auch noch genießen. Zunächst muss zwar angesichts des Gedankens, man müsse eigentlich einzig und allein für das Baby da sein, immer erst das schlechte Gewissen bekämpft werden, aber das legt sich aller Erfahrung nach recht schnell. Aber bevor jetzt der ein oder die andere aufhört zu lesen, um sich ans Kinderzeugen zu machen und so in den Genuss der »Freizeiteinrichtung Elternzeit« zu kommen, sollte ich vielleicht noch nachschieben: Das kann auch ganz schön anstrengend sein, so mit Kindern allein zu Haus.

Trotzdem sind meine Kinder das Beste, was mir je passiert ist. Immer wieder gibt es Phasen, in denen ich mich jeden Tag neu in Mette und Scott verliebe, inklusive aller Ecken und Kanten. Da könnte ich fast platzen vor Glück. Und die Dias im Keller können ja wirklich noch ein Weilchen warten …

Papa allein zu Haus – mit zwei Kindern und Virus

Oh, wie habe ich das genossen. Die Tage einer Messe oder das Wochenendseminar, als ich noch arbeitete, in gefühlter grauer Vorzeit. Das hieß im Allgemeinen, die zum Teil recht langwierigen Abendrituale mit den Kindern gegen ein paar Stunden mit einem guten Buch oder gegen ein entspanntes Bierchen mit »Verzäll« zu tauschen. Danach der nicht durch Quengeln aus der Wiege oder Rufe aus dem Kinderzimmer unterbrochene Schlaf des Gerechten, und am nächsten Morgen konnte ich in aller Ruhe um das hoteleigene Frühstücksbuffet schlendern und verträumt beim fremdzubereiteten Kaffee das lokale Tageblatt nach wunderbar bedeutungslosen Artikeln durchstöbern.

Herrlich!

Nun begab es sich an einem Wochenende so, dass die Vorzeichen genau umgekehrt standen. Meine Liebste weilte auf einer beruflich bedeutenden Tagung in Hamburg, und Papa war für ein paar Tage am Stück ganz allein zu Haus, natürlich mit den Kindern. Eigentlich nichts von größerer Bedeutung, da ich die beiden Kleinen ja nun häufig als Solist unter meinen Fittichen hatte, aber doch irgendwie aufregend. Letzteres vor allem auch aus dem Grund, weil »wir« angefangen hatten abzustillen. Völlig WHO-konform nach sechs Monaten Stillzeit. Und so hatte ich gerade erst in der Woche zuvor mit dem mittäglichen Karottenbrei angefangen. So richtig mit Löffel (zwei rein, anderthalb wieder raus) und Lätzchen und Spucken und Konsistenz- und Geruchswechsel des Darminhaltes und so. Davon aber an anderer Stelle mehr.

Ich dachte also, das wäre mehr oder weniger die einzige Herausforderung während der mütterlichen Abwesenheit, aber natürlich lag ich mal wieder völlig daneben.

Hier ein kleiner chronologischer Ablauf:

■ In der Nacht zum Donnerstag hatte Scott den Magen-Darm-Virus aus dem Kindergarten so gut ausgebrütet, dass dieser aus der oberen Hälfte des kleinen Körpers auszubrechen gedachte. Und zwar zuerst auf sein Hochbett, inklusive Wand und den darunterliegenden Teppich, dann tröpfchenweise über den Flur zum Bad und netterweise noch mal im elterlichen Bett. Ich weiß, das ist nicht schön zu lesen, aber, HALLO, willkommen im realen Kinderparadies. Das meiste hat noch meine Liebste gereinigt. Für mich blieben in den nächsten Tagen lediglich neun Waschladungen übrig.

■ Donnerstag und Freitag fiel dann entsprechend der Kindergarten für Scott flach, und ich war größtenteils mit Teekochen und der Darreichung von Zwieback beschäftigt.

■ Am Donnerstag hatte ich auch noch einen Termin im Büro (a.D.), den ich logischerweise mit einem fahl-bleichen Scott und einer nach Muttermilch quengelnden Mette bestreiten musste. Glücklicherweise habe ich Kollegen und vor allem Kolleginnen mit Verständnis und ähnlichen Erfahrungen.

■ Freitag wurde Mettes Husten von letzter Woche wieder schlimmer, und wir mussten inhalieren. Für diejenigen, die das nicht kennen: Der »Babyinhalator« ist eine furchteinflößende Röhre in der Größe eines Neugeborenen mit Inhalationsspray am einen Ende und einer Art Saugglocke am anderen. Letzteres muss man dann sanft (?) auf Mund und Nase pressen ... und hoffen, dass der kleine Patient nicht völlig durchdreht ob dieser als Unverschämtheit empfundenen Einschränkung der persönlichen Atem- und Bewegungsfreiheit.

- Das Abendprogramm für Scott lief zwar wie gewohnt (Sandmännchen, Geschichte vorlesen, Bett), aber da war ja jetzt noch der Flaschen-Abendbrei für Mette, der nicht nur zeitaufwendig, sondern auch aufmerksamkeitsintensiv ist. Und beiden Kindern gleichzeitig gerecht zu werden liegt im Bereich des Unmöglichen. Wie machen das eigentlich Alleinerziehende?

Die Nächte ohne Mutters Brust habe ich ja bereits ausführlich beschrieben, sie waren jedenfalls sehr kurzweilig ... Der Samstag war dann ganz in Ordnung. Scott war wieder einigermaßen auf dem Damm, und Mettes Husten hatte ein wenig nachgelassen, also war Einkaufen angesagt. Dummerweise waren wir ziemlich spät dran. Mette hatte offenbar einen Riesenspaß daran, ausgerechnet beim Anziehen ihre Verdauungsinterna flächendeckend zu verteilen, und im Supermarkt war es dann entsprechend voll, weil zu spät dran. Was zusammengefasst eine Brutto-Einkaufszeit von etwa zwei Stunden ergab. In der Zeit hatte ich früher als Single eingekauft, drei Kaffee getrunken und die Wochenendausgabe der Lokalzeitung auswendig gelernt.

Nach der überstandenen Nahrungsmittel-Beschaffung waren alle Beteiligten nervlich an der Grenze angelangt. Beste Lösung (Pädagogen bitte weghören): eine DVD einlegen. Walt Disneys Klassiker »Robin Hood« von 1973 brachte unser Seelenheil gottlob wieder ins Gleichgewicht.

Samstagabend kam dann meine Allerliebste wieder. Endlich. Nicht nur weil geteiltes Leid usw., sondern weil die Familie wieder vollständig war. Liebe kann so schön und gleichzeitig zweckerfüllend sein.

Allein dafür ist schon eine Elternzeit gut: Wenn Mann wieder arbeiten geht und sich auf einer Messe »erholen« darf, wird er solche Tage gut im Kopf behalten. Für den Familienfrieden kann das nur förderlich sein.

Am Abend sinnierte ich über mein Verständnis von Arbeit und Elternzeit. Welche Prioritäten ich einstmals und jetzt setze und wie schön es doch wäre, wieder mal ins Büro zu gehen. Da fiel mir ein Satz von Marc aus Salzkotten aus meinem Blog ein, der an Wahrheit nicht zu überbieten ist: »Arbeiten gehen ist verglichen mit Elternzeit bei $\geqq 2$ Kindern wie Urlaub – macht aber bedeutend weniger Spaß.« Dem ist nichts mehr hinzuzufügen, und ich kann nur allen Vätern und Müttern zurufen: Verzweifelt nicht, wenn euer Kind mal krank ist und ihr am Ende seid. Alles wird gut!

Kommunikation ganz neu entdecken

»Kommunikation ist alles.« Wenn man solche plakativen Behauptungen aufstellt, erntet man fast immer Zustimmung. Entweder verbal gefloskelt (»Ja, genau«) oder durch Kopfnicken mit begleitendem »mmhm« (Mann). »Mit Kleinkindern/Babys zu kommunizieren ist elementar.« Spätestens jetzt nicken auch alle Psychologen und Pädagogen. Aber wie sieht diese Kommunikation eigentlich in der Praxis aus und welche Auswirkungen hat sie auf das eigene Verhalten?

Ich stelle mal die These auf, dass diese Art der Gestaltung menschlicher Beziehungsebenen (in diesem Falle: Papa/Mette) durchaus eine Gefahr für soziale Inkompetenz oder zumindest deren Annäherung in sich birgt. O.K., das hab ich jetzt fetzenweise geklaut aus einem Buch für Führungskräfte. Also fragen wir uns erst mal, was Kommunikation überhaupt bedeutet. Im Knaurs-Lexikon meiner Oma aus dem Jahre 1949 findet sich folgender kurzer Eintrag: 1) Verbindung; 2) Mitteilung.

Wikipedia zitiert ja inzwischen schließlich jeder. Für die jungen Leserinnen und Leser (user): Ein Lexikon ist die antiquierte Offline-Version von search-sites ohne Suchfunktion. In den alphabetisch geordneten Print-Exemplaren konnte auch nicht jeder Hinz & Kunz (bildungsferne user) etwas dazutexten. Vielmehr handelte es sich um ein Closedsource-Projekt einer kleinen Redaktion mit externen Consultants. Aber das nur nebenbei.

Zurück zur Praxis. Die verbale Kommunikation zwischen Mette und mir war zu Beginn unseres gemeinsamen Daseins (evolutionsbedingt) recht einseitig. Obwohl Mette schon bald einige Laute beherrschte. IHR ERSTES VERNEHMBARES WORT WAR »PAPA«. Nun gut, sie lag auf dem Wickeltisch, blickte mich etwas vorwurfsvoll an und sagte: »Oh, Papa.« Präziser ausgedrückt war sie bis über den Rücken vollgekackt, und eigentlich machte sie beim vorsichtigen Abstreifen ihres beschmierten Bodys mehr: »Oh, baa, bah.« Aber hey, das war meine Elternzeit, und ich interpretiere, was ich will!

Natürlich redete ich auch mit meiner kleinen Tochter. Vorzugsweise ganz normal wie mit größeren Menschen. Aber, ganz ehrlich, das glauben wohl alle Eltern von sich. Ich bemerkte in meiner Kommunikation mit Mette allerdings bald selbst Züge, die mich bei Äußerung an anderer Stelle durchaus in die Nähe einer geschlossenen Abteilung hätten bringen können. Wenn, ja wenn mich jemand dabei beobachtet hätte. Da wir hier ja unter uns sind, beschreibe ich mal die Symptome:

1. Im Beisein von Mette kommentierte ich nahezu alles, was ich tat. Beispiel: »So, jetzt hol ich erst mal den Teller raus. Dann brauchen wir (!) noch einen Löffel« usw.

2. Ich nahm »baa, bah« (Papa), »dadada« und »bwwww« in meinen aktiven Wortschatz auf.

3. Ich stellte der fünfmonatigen Mette mindestens dreißig Mal am Tag irgendwelche Fragen. Beispiele: Wenn sie fröhlich schien: »Hast du Spaß?«, manchmal mit einem angehängten »ja?«. Wenn der untere Teil von ihr geruchsmäßig nicht mehr zu ignorieren war: »Wer hat denn da gekackert?« Wenn sie ungehalten wurde: »Hast du Hunger?«, schlimmere Variante: »Hast du Hüngerchen?«

4. Ich kommentierte beim Füttern jedes Löffelchen mit »prima« oder »super« (finde ich allerdings nicht ganz so schlimm).

Besonders furchterregend fand ich die Entdeckung, dass ich beim Löffeln selbst den Mund aufmachte und dann parallel mit Mette wieder schloss. Das lässt sich glücklicherweise wieder abtrainieren. Ebenso bin ich froh, dass der Kelch des Über-den-Kinderwagen-Beugens und »Kutschi-Kutschi«-Machens an mir vorüberging.

Sicherlich finden viele Menschen diese wahrscheinlich genetisch bedingten Eigenschaften »irgendwie süß« und absolut normal. Aber bitte, als ich noch keine Kinder hatte, fand ich ein solches Verhalten mehr als befremdlich. Diese Art der »Wir«-Kommunikation ist schon extrem eigenartig. »Wir gehen jetzt ins Bett, wir fahren in den Kindergarten, wir spielen jetzt im Sandkasten.« Und das ist nur die Spitze des Eisbergs, denn diese 1:1-Kommunikation bekommt ja keiner mit. Die findet schließlich meist im direkten Kontakt mit dem windeltragenden Gegenüber statt. Entweder zu Hause oder auf dem Spielplatz unter Gleichgesinnten, die genug mit dem eigenen Nachwuchs zu tun haben, als dass sie sich genauer mit der vorherrschenden Art der Unterhaltung befassen könnten.

Ganz anders sieht das in »gemischten« Gruppen aus. Also unter Menschen, die tatsächlich die Frechheit besitzen, keine Kinder zu haben. Ich weiß. Die Kontakte mit diesen Mitbewohnern unseres Planeten halten sich während der Elternzeit in Grenzen, aber dafür sind nicht nur Zeitgründe verantwortlich. Das hat sicher auch etwas mit der neuen Art der Kommunikation zu tun. Ganz abgesehen von dem Drang, den man anfangs verspürt, seine Erfahrungen mit dem Karriereknick-Bündel den alten Kumpels ständig und überall mitteilen zu müssen ... Erst viel später merkt man dann, dass entweder a) kein Interesse an Anekdoten solcher Art besteht oder b) diese Themen einfach nicht in die alte Zielgruppe passen. Kein Mensch kann vom kinderlosen Freund verlangen, dass er so schnell von »Schau dir die an der Theke mal an. Was für ein Geschoss« auf »Echt? Erzähl doch mal deine Erfahrungen beim Wickeln« umstellen kann und will.

Der endgültige Bruch oder das Trennen von Spreu und Weizen erfolgt dann bei den Berichten des jungen Elternteils im Plural. Folgende Situation als Anschauung: Papa hat am Wochenende frei bekommen und geht mit drei Geschlechtsgenossen nach Monaten mal wieder in die Kneipe. Man kennt sich schon seit Jahren, und entsprechend ist die Konversation bei diesen Treffen eingefahren und folgt bestimmten Ritualen: Hinsetzen. Bestellen. Gespräch über den letzten Champions-League-Abend. Bericht über Persönliches. Der eine erzählt dann, wie schlecht ihn seine Ex-Freundin schon wieder behandelt hat, selbstverständlich ohne zuzugeben, dass er sie immer noch liebt. Der andere berichtet von seinem letzten Deal im Job und dass er immer noch keine gerechte Anerkennung seiner immensen Arbeitsleistung bekommt (Wochenstunden werden dabei stets mit fünfzig bis sechzig angegeben). Dann ist der frischgebackene Papa dran und steigt ein mit: »Wir haben uns wirklich gut eingelebt in der Elternzeit. Wir gehen Kaffee trinken, lesen Zeitung und dann machen wir erst mal ein Mittagsschläfchen.« Ich habe noch nie ein kleines Baby Kaffee trinken gesehen, geschweige denn Zeitung lesen. Vielleicht ist das ein Schutzmechanismus. Wenn man von sich im Plural spricht und sein Kind damit unfreiwillig eingemeindet, muss man nicht zugeben, wie stark die Emotionen mit einem durchgehen, wie unsicher man sich fühlt und dass man sich manchmal selbst in einem anderen Kosmos glaubt. Hach, was haben wir Männer es schwer. Unsere linke Gehirnhälfte ist einfach zurückgeblieben. Ob sich allerdings im Kreise der Kumpels die Kommunikation verbessert, wenn Mann sich gefühlsmäßig mehr öffnen und dieses unsägliche »Wir« unterlassen würde, bezweifele ich. Tatsache ist, dass sich eine »Männerfreundschaft« nach dem Wegbeamen zum Elternplaneten erst richtig bewähren kann. Hält die Freundschaft zwischen kinderlosem Typ und jenem mit Kind die erste soeben geschilderte Phase aus, sind das tiefe und kaum zu erschütternde Verbindungen.

Bei mir war die kommunikative Mutation jedenfalls kein schleichender Prozess, sondern eine sprunghafte Veränderung. Die teilweise sehr seltsam anmutende Eigenart, die ganze Zeit über mit einem Baby zu sprechen, obwohl es gar nicht in der Lage ist, etwas zu erwidern, kam wirklich über Nacht. Zwar ist mein Mitteilungsbedürfnis sehr ausgeprägt, was sich auch positiv auf meine Berufswahl auswirkte, aber diese Variante der Kommunikation ist irgendwie schon ein wenig albern. Offensichtlich aber völlig normal. Die Kinder müssen ja schließlich auch irgendwann das Sprechen lernen, und da will man doch ein gutes Vorbild sein. Was ich allerdings befremdlich finde, ist, wenn Menschen derartige Gespräche mit ihren Hunden führen. Beim Spazierengehen begegnet man oft Leuten, die mit ihren Hund reden, als würden sie damit rechnen, dass der Vierbeiner auch gerade in der Sprachlernphase ist (»Ja, wo isses denn, das Bällchen. Wo isses denn?«). Das allerdings ist wahrscheinlich wieder für Hundehalter völlig normal. Was mir nur stets auf den Wecker ging, ist, dass Hundebesitzer gerne mitreden, wenn es um Babys geht. Schließlich ist die Pflege eines Hundes ebenso … Sie ahnen es.

Mette ist jedenfalls, seit sie etwa ein Jahr alt ist, kaum zu bändigen, was ihr Mitteilungsbedürfnis angeht. Scott dagegen ist mit seinen mittlerweile fünf Jahren in der Lage, nicht nur irgendwelche Phantasiegeschichten über Ritter, Burgen, Drachen und Bären zu erzählen, sondern auch Ironie zu durchblicken. Er kann, ohne mit der Wimper zu zucken, irgendwelchen Unsinn erzählen, der Aprilscherzen der besseren Art gleicht. Manchmal hecken wir auch zusammen Geschichten aus, die wir dann meiner Liebsten als Tatsache auftischen. Das kann eine Grünstich-Krankheit sein, die von unseren nächtlichen Besuchen im Igelbau herrührt und nur von hungrigen Wölfen übertragen werden kann, die im Mondschein von einer Schnecke überholt wurden. In meinem Lieblings-»Tatsachen«-Bericht führte die Abholung im Kindergarten zu einem Kampf mit Darth Vader, der mithilfe der LEGO Power Miners gewonnen werden konnte, aber nur deswegen, weil die Kindergartenbetreuerinnen nach dem Mittagessen die Maulwurfgeschichte vorgelesen haben, in der der riesige Regenwurm die bösen Piraten besiegte, die wiederum ganz überraschend in unserem Garten auftauchten usw. Einen Heidenspaß haben wir bei solchen Geschichten. Da ich zu Scott als Baby genauso »haddeduddu«, »wir gehen jetzt mal« gesagt habe wie zu meiner Tochter, habe ich immerhin einen Beweis, dass die Eigenheiten in der Baby-Kommunikation keine bleibenden Schäden hinterlassen. Ich hab also noch Hoffnung. Sowohl für Mette als auch für mich …

Jetzt noch ein Tipp für alle jungen Eltern. Oft amüsiert man sich ja königlich über die ersten Wortschöpfungsversuche des Nachwuchses. Genauso oft gerät diese kurze Phase aber wieder in Vergessenheit. Ich kann also nur dazu raten, sich die »best of baby«-Zitate aufzuschreiben. Wir haben da so einiges gesammelt, das mir wahrscheinlich bis zum Lebensende immer von Neuem ein Schmunzeln ins Gesicht zaubern wird:

Die österreichische National-Limo »Almdudler« hat Scott offenbar wegen Unaussprechlichkeit kurzerhand in »Sprudeldudel« umgetauft. Ein wunderbares Synonym für sämtliche zuckerhaltigen Getränke, das sich bei uns sehr schnell im aktiven Wortschatz festsetzte.

Ein weiteres nettes Überbleibsel aus Scotts Babysprache ist »Lilatz«, sein erstes verständliches Wort; das sind Flugzeuge.

Seltsamerweise hat sich bei Mette nach der »Babahhhh«-Phase das Wort »Hubabab« manifestiert. Hubschrauber.

Das erste erkennbare Wort für ein Lebewesen war bei Mette »Gwag«. Das ist (natürlich) ein Frosch.

»Hat-te« war Mettes zweites Wort. Bedeutet natürlich Katze. Alle anderen Lebewesen, egal ob real existierend, als Bild oder als Spielfigur, waren lange Zeit »Gwag«.

Wunderbare Erkenntnisse kommentierte Mette mit einem lang gezogenen »Achsooooo« mit gestrecktem Zeigefinger. Zum Beispiel in der Fragephase, in der mit dem verbalen Eltern-Nerven-Aufreiber »Is das?« auf alles Mögliche gedeutet wird. Kommt übrigens in besagter Phase bis zu zweihundert Mal am Tag vor …

Mit fortschreitender sprachlicher Qualifikation liefern Kinder dann einen unbeschreiblichen Fundus an spitzenmäßigen Beiträgen für den Familienhumor. Auch ein Beispiel dafür möchte ich Ihnen nicht vorenthalten: Wir saßen am Abendbrottisch und Scott fragte mich etwas wegen einer bevorstehenden Wanderung. Meine Schwäche ist, dass ich Fragen nur ungern kurz beantworte und Antworten auch gerne etwas ausschmücke. So auch dieses Mal. Ich konnte mich nicht bremsen und verstrickte mich in einer Geschichte um einen einäugigen Riesen, den ich einmal bei einer Wanderung in einer Höhle getroffen hatte. Scott, mit seinen fünf Lenzen, hörte sich das Ganze bis zum Ende geduldig an, blickte mir fest in die Augen und sagte mit tiefer Stimme: »Papi, das glaubt dir doch kein Schwein.« Fast überflüssig zu erwähnen, dass meine Liebste in diesem Moment fast ihre Apfelschorle auf dem Tisch verteilte.

Dein Vater hat 'nen Kater – Bier und Elternzeit

»Bier, das nicht getrunken wird, hat seinen Beruf verfehlt.« Dieses Zitat geht auf Alexander Meyer zurück, ein Mitglied des preußischen Abgeordnetenhauses, und entstand 1880 bei einer Debatte über die Besteuerung alkoholischer Getränke.

Alkoholika sind ja in unseren Gefilden die einzig legale Droge unter dem Deckmantel des sozialgesellschaftlichen Kulturgutes. Nun könnte man hier eine endlose Liste objektiver und subjektiver Pros und Contras aufführen, was das Hohelied auf zum Beispiel Bier und die Tabuisierung von zum Beispiel Cannabis angeht. Aber das lenkt nur von folgendem Tatsachenbericht ab, dem fatalen Zusammentreffen von Vollzeit-Papa und Bier-Konsum.

Nur noch eine (wirklich dämliche) Frage vorweg, die in unmittelbarem Zusammenhang mit der zu schildernden Geschichte steht: Was ist des Deutschen liebstes Kind? Und das meine ich nicht im individuellen und themenspezifischen Sinne dieses Buches, sondern lediglich als Mitschwimmer im Testosteron-Pool. Natürlich Fußball. Was passiert aber, wenn nun diese drei Phänomene – Mann, Bier, Fußball – zusammenkommen? Und was hat das mit Papasein oder Elternzeit zu tun? Fatalerweise eine ganze Menge.

Ich ging eines Abends zu meinem Freund Götz, den ich lange nicht mehr gesehen hatte, und entsprechend hatten wir uns einiges zu erzählen. Wir legten das Treffen so, dass wir gemeinsam ein Qualifikationsspiel schauen konnten. Deutschland (spätestens seit 2006 nicht mehr: die deutsche Nationalmannschaft) spielte gegen Irland. Das Großleinwandformat machte das Spiel leider auch nicht besser, aber wir hatten viel Spaß, und ganz nebenbei entkronkorkte sich wie von selbst eine Flasche Bier nach der anderen.

Faszinierend, wie gut man nach langweiligen Spielen und mit zunehmendem Promillegehalt in Erinnerungen an internationale Turniere der vergangenen Jahrzehnte schwelgen kann. Keine Überraschung, dass sich IMMER ALLE Anwesenden als Fußballexperten entpuppen und entsprechend hineinsteigern können. Das mag für Außenstehende sinnlos wirken und diplomatisch ausgedrückt befremdlich, ist aber in Wahrheit ein hervorragendes Gedächtnistraining. Jedenfalls wäre ich sonst nie mehr auf den Namen des kolumbianischen Mittelfeldspielers mit der Turmfrisur aus langen blonden Korkenzieherlocken von der WM 1990 gekommen (wen es interessiert: das war Carlos Valderrama).

Die Strafe für diesen sehr erholsamen Abend, mit ausschließlicher Nutzung des vegetativen Nervensystems, folgte allerdings prompt: Um 2.00 Uhr nachts endlich ins Bett,

Mette wach um 3, um 4 und um Viertel nach 6. Scott wach (und erschreckend laut) um 7.30 Uhr.

Als mein Körper sich endlich durchgerungen hatte, meinen Kopf als zugehörigen Teil anzuerkennen, war keiner von beiden sehr glücklich mit dieser Entscheidung. Mette nahm meine Misere noch zum Anlass, sich auf dem Wickeltisch komplett zu entleeren, und Scott trat wenig später bei einem kurzen Ausflug in einen frischen Hundehaufen. Natürlich mit den Schuhen, die das feinporigste Profil besitzen.

Bedienung! Zahlen, bitte!

Fußball und Elternzeit passen ohne Frage zusammen. Den zwölften Mann Alkohol habe ich aber seitdem erst einmal auf der Ersatzbank schmoren lassen. Manchmal musste er gar von der Tribüne aus zuschauen. Das Leben kann so hart sein!

Natürlich müssen Sie das wieder mal selber wissen, ob Sie sich einen Kater leisten wollen. Es kann ja auch durchaus sein, dass Sie schon vorab ein wenig geübt haben und meinen, Sie könnten das locker wegstecken. Probieren Sie es am besten einfach mal aus. Denn bevor Sie jetzt auf mir herumhacken, ich Weichei hätte wohl gar keine Ahnung und würde derlei Ausschweifungen allzu pessimistisch sehen, wünsche ich einen schönen Abend. Aber sagen Sie hinterher ja nicht, ich hätte Sie nicht gewarnt. Ein dicker Kopf nach einer Studentenparty ist wahrlich eine andere Liga. Man kann mehr oder weniger im Bett liegen bleiben, den Fernseher einschalten und die Wochenzusammenfassung von »Alles was zählt« schauen oder meinetwegen erst einmal ausgiebig duschen. Meine Lieblingsbeschäftigung nach alkoholreichen Abenden im Wintersemester war übrigens, zum Einschlummern erst mal auf Eurosport irgendein Curling-Spiel zu verfolgen (selbstverständlich hoffnungslos ab einem gewissen Zustand) und mit Schädel am Vormittag dann den Biathlon-

Sprint der Frauen anzusehen. Fernsehen ist halt so schön dröge. Irgendwann mittags habe ich es dann gewagt, mir etwas zu essen zu machen, und den Rest des Tages verplempert. Das kennen Sie auch? Dann verabschieden Sie sich schon mal rechtzeitig von derlei Ausnüchterungsprogrammen. Die Realität mit Kind ist zumindest unter der Woche eine ganz andere. Am Wochenende können Sie zwar auf die Kraft Ihrer Partnerin setzen, die Ihnen Ihr gezeugtes Wunder aus den Füßen hält. Aber Vorsicht: Machen Sie das nur mit Ankündigung und ausdrücklicher Zusage von IHR. Sie sind nämlich der schwache Partner am Tag des Katers und noch ein Tipp für die Praxis: Bieten Sie ihr etwas an. Egal, ob Shopping-Freizeit oder ein Abendessen zu zweit, das Sie natürlich selbst organisieren müssen (Oma fragen). Dann könnte es sein, dass Sie den Abend auch genießen können.

PS: Da Götz nicht nur Freund, sondern auch Musiker ist, möchte ich nicht versäumen, ihm für diese Erkenntnis zu danken, und passend frei zitieren aus »Dein Vater hat 'nen Kater« (CD »Götz Widmann«):

> *Oh, bitte mach nicht so 'nen Krach,*
> *wieso bist du denn schon wach*
> *Geh alleine auf Toilette*
> *und dann hör noch was Kassette,*
> *leg dich noch was hin,*
> *weißt du, wie müde ich noch bin,*
> *ist doch noch nicht mal sieben*
> *und ich bin sehr lang aufgeblieben …*
> *Dein Vater hat 'nen Kater,*
> *und deine Mama den Katzenjammer.*
> *Ihr geht's nicht gut, sie war grad spucken,*
> *sei lieb geh noch was KiKa kucken.*

Mit Kind on Tour

Der erste Ausflug – Aufatmen an der Haustür

Den ersten Ausflug mit dem Neugeborenen unternimmt man in den allermeisten Fällen zusammen. Ich habe diesen Augenblick des Kinderwagenschiebens als sehr erhebend in Erinnerung. So als kleinste gesellschaftliche Einheit herumzulaufen und sich auf irgendeine seltsame Art und Weise neu zu fühlen ist wirklich etwas ganz Besonderes. Zu diesem Zeitpunkt habe ich mich allerdings noch nicht um das Logistische dahinter kümmern müssen.

Ganz anders dann bei meinem ersten Ausflug als Elternzeit-Papa: Auf einmal war da keine Liebste mehr, die an alles dachte. Meine Güte, was war ich nervös. Habe ich sämtliche Eventualitäten bedacht? Fläschchen, Windeln, Feuchttücher, Spucktuch eingepackt …? So viele Gedanken hatte ich mir noch nicht einmal beim Packen für meine Fernreisen gemacht. Natürlich war das im Nachhinein völlig übertrieben, und im Laufe der Zeit entwickelt man natürlich auch eine Art Routine, aber das »erste Mal« war schon ganz schön aufregend. Nach einer halben Stunde gedanklicher Checklisten-Durchgänge startete ich dann endlich meinen ersten Elternzeit-Ausgang: Mit stolzgeschwellter Brust brach ich nicht etwa zu einem netten kleinen Spaziergang im Park auf, sondern es ging in die Innenstadt.

Und zwar nur aus einem Grund, ich wollte der Welt (oder zumindest der Fußgängerzone) zeigen: »Schaut her, hab ich gemacht! Das Bündel im Kinderwagen in polartauglicher Einfassung ist zwar klein, aber mein!«

Mit einer gefühlten Körpergröße von etwa acht Metern stolzierte ich also wie ein Pfau durch die City, schlenderte mal hier-, mal dorthin, schaute mir sämtliche Auslagen an, die mich nicht die Bohne interessierten, aber ich hatte ja auch nichts anderes zu tun. Ich wollte eben nur mein Baby zeigen. Das klappte ganz hervorragend, wofür es einen entscheidenden Grund gab: Der neue Erdenbürger schlief nämlich. Solange dieser Zustand anhielt, war ich genau der coole Vorzeigepapa, den man sich so wünscht. Babys schlafen zwar viel am Anfang, haben aber dennoch die Eigenschaft, irgendwann aufzuwachen. Genau das passierte zwischen Tchibo und H&M. Schlagartig wurde aus dem coolen Typen ein nervöses Bündel Papa. So hatte ich das nicht bestellt! Denn keine dreißig Sekunden später fing es im Kinderwagen an, laut zu werden. Erst schleichend und mit kleinen Unterbrechungen, dann lauter, bis schließlich schrilles Gebrüll zu hören war. Meine Fassade war dahin, und die aufmunternden Blicke der teilweise lächelnden Passanten halfen da irgendwie auch nicht weiter. Wieso lächelten die eigentlich? Lachten die mich etwa aus, weil ich so ein Idiot war und dieses brüllende Etwas in die Welt gesetzt und dann offensichtlich auch noch der fürsorglichen Mutter entrissen hatte? Ich weiß noch, dass ich versuchte, die Lautstärke mit Fläschchen und Schnuller herunterzudrehen. Funktionierte nicht. Also trat ich frustriert den Heimweg an, und dieses Baby im Kinderwagen, das unmöglich von mir sein konnte (weil zu laut), hörte wann auf zu schreien? Genau. An der Haustür. Nicht aus Müdigkeit. Das Kind war wach und gluckste beim Eintreten in die Wohnung ganz glückselig durch die Gegend. Ich dagegen war schweißgebadet und ging gedanklich schon durch, wie ich meine Liebste an diesem Abend zur Rede stellen würde, von wem dieser Schreihals denn eigentlich sei …

Kinderwagenkucker – Begegnungen der dritten Art

Ich beobachte einfach wahnsinnig gerne Menschen, und mit einem Baby als ständigem Begleiter ist nichts leichter als das! Wahrscheinlich machen das alle mal. Im Personennahverkehr, im Café, im Fitnessstudio, in der Oper oder in der Warteschlange vor dem Kino: Sichten. Besonders für Frauen gibt es da hervorragende Lästerobjekte, »*Schau mal, was die für Schuhe trägt*«, oder modische Style-Beratung, »Schau mal, was *die* für Schuhe trägt« (andere Betonung). Oft denkt man sich aber einfach seinen Teil oder teilt seine Gedanken höchstens der Person des Vertrauens mit. Wissenschaftlich betrachtet also eher eindimensional kommunikativ.

Ganz anders, wenn man mit Kinderwagen unterwegs ist. Selbstredend mit Inhalt. Da scheinen sich die meisten animiert zu fühlen, die Schwelle der Anonymität zu übertreten. Soll heißen: Wildfremde Leute reagierten immer irgendwie auf Mette, wenn ich mich näherte. Nach insgesamt 17 Monaten Elternzeit traue ich mir eine Kategorisierung zu:

Da gibt es zunächst den Typ »rote Ampel«. Sie kennen das, man steht zum Beispiel frühmorgens missmutig herum, in Erwartung des anstrengenden Tages im Büro, geht gerade im Geiste noch mal seine Gegenargumente für eine Sitzung mit lauter Blödmännern durch und wartet mit zugekniffenen Augen auf das grüne Männchen. Sie spüren es, bevor Sie es erkennen. Irgendetwas reißt Sie aus den Gedanken. Neben Ihnen steht ein Kinderwagen. Mit einem kleinen lächelnden Bündel Unschuld als Blickfang. Und schon wird gelächelt, gefolgt von einem zarten Winken. Keine Sorge, muss genetisch bedingt sein.

Dann hätten wir den »überholenden Passanten«. Dieser Typus hat den Vorteil, dass er sich auf die Begegnung der dritten Art vorbereiten kann. Er kostet diese Zeitspanne genüsslich aus, indem er bereits aus drei Metern Entfernung den Blickkontakt zum Objekt der Freude sucht. Mette sitzt mir zugewandt und mit dem Rücken in Fahrtrichtung. Der Höhepunkt erfolgt dann beim Überholvorgang (ich gehe langsam, ich hab ja Elternzeit!) mit einem lang gezogenen »naaaaahhhh?« auf gleicher Höhe. O.K. Gleiche Höhe ist noch kein Abseits, aber ich erschrak dennoch das ein oder andere Mal ob eines solchen rückwärtigen Überfalls.

Das Gegenstück dazu ist der »überholte Passant«. Mit antrainierter Treffsicherheit erkannte ich nach einer Weile, welche vor mir laufenden Menschen zur Fraktion der Kinderwagen-Reagierer gehörten. Ich ging mit Mette an ihnen vorbei und konnte an ihren Augen ablesen, wie lange die Überholten noch hinterherschauten. Entsprechende Wortfetzen (hach, süß, ei etc.) folgten mit einsekündlicher Verspätung als Bestätigung.

Dann gibt es noch den »Café-Typus«. Ein Beispiel. In meinem Stammcafé gibt es einen frisch pensionierten Herrn, der sich mindestens zweimal pro Woche seine neu gewonnene Zeit mit dem Betrachten des *Kölner Express* vertreibt. Er ist artgerecht uniformiert, kariertes C&A-Hemd, beiges Beinkleid mit Bundfalte und braune Mokassins im Flechtlook. Abgesehen von seinem Drang, die persönliche (und stets wechselnde) tagespolitische Meinung kundzutun, flirtete er regelmäßig mit meiner Tochter. Oft genug mit der Einstiegsfeststellung »Is'n Junge, ne?«, egal ob Mette ganz in Rosa gewandet war oder ob sie gerade die Klamotten ihres Bruders auftrug.

Eine Sondergruppe ist bei »Kinderanhäufungen« zu beobachten, also bei Geburtstagen, Zoobesuchen oder auf Kinderspielplätzen. Besonders die väterlichen Kollegen begegnen Mette mit einem Blick, den man getrost als resignierende Melancholie bezeichnen kann. Ob er bedeutet, dass sie der ersten Zeit mit ihren mittlerweile dem Kinderwagen entwachsenen Kindern hinterhertrauern oder ein eher schwieriges Schrei-Baby großziehen mussten, bleibt mir verborgen. Verraten tut dieser Blick jedoch ganz klar eines: Ich will hier weg! Das Überforderungs-Hormon wird bei unserem Geschlecht im Kreise zahlreicher Kinder schließlich viel schneller und in größerer Menge ausgeschüttet, als das bei Frauen der Fall zu sein scheint …

Mein Lieblingstypus ist aber »die Herde«. Besonders anschaulich ist hier die Stadtbesichtigungstour in Bonn. Egal ob es sich um japanische Touristen im Schnelldurchgang durch Europa handelt oder um einen Haufen Generation Silber aus der Eifel. Alle, ich wiederhole, alle fielen mindestens visuell über den Kinderwagen her, sobald er in Sichtweite geriet. Da saßen Mette und ich bei Milch (Mette) und Kaffee (ich) unter einem Sonnenschirm direkt neben dem Beethoven-Denkmal. Die Stadtführerin, eine sehr attraktive Mittdreißigerin, mühte sich redlich, ihren Stadtrundgängern den berühmtesten Sohn Bonns durch ihr Head-set auf Englisch schmackhaft zu machen. Die zwanzigköpfige Gruppe der asiatischen und (hallo Klischee) dauerlächelnden Touristen wandte sich indes ausschließlich Mette zu und stellte sich so auf, dass sie Mette im Vordergrund von Ludwig vans grimmiger Visage fotografieren konnte. Eingeborene vor

Verstorbenem. Schönes Souvenir. Könnte ich vielleicht noch zur Geschäftsreife überdenken.

Nun aber zu den weniger entspannten Zeitgenossen, den »Kinderwagengrapschern«. Das sind Menschen, die offenbar irgendwo die General-Lizenz zum Anfassen erworben haben. Sie schrecken vor keinem Kinderwagen zurück und machen dabei auch meist noch Geräusche der unterirdischen Art, weswegen ich sie auch umgangssprachlich als »Kutschikutschi«-Gruppe bezeichne. Eins muss man den Grapschern allerdings lassen: Sie sind sehr professionell. Meist bemerkt man sie nämlich erst sehr spät. Da kommt zum Beispiel ein Mittfünfziger indianergleich von hinten angeschlichen, verwickelt den Schieber erst in ein Gespräch und streckt dann die Griffel in den Wagen. Die Kommunikationseröffnung geschieht oft mit einer Feststellung oder einer rhetorischen Frage à la »Ach ist der niedlich« oder »Junge oder Mädchen?«. Beides hat zur Folge, dass der überrumpelte Erzeuger jetzt an der Reihe ist, verbal zu reagieren. Die Millisekunde des Überlegens nutzt der Grapscher dann aus, um sich plötzlich nach vorne zu beugen, und bevor man intervenieren kann, kommt die Hand in Baby-Reichweite. Eine raffinierte Taktik, die Anerkennung verdient, außer man ist selbst betroffen. Weiß ich denn, wann der Grapscher sich das letzte Mal die Hände gewaschen hat? Eine besondere Dreistigkeit ist das Finger-in-den-Mund-Schieben, von dem mir einmal erzählt worden ist. Da hatte doch tatsächlich eine Vertreterin der Grapscher-Kategorie nur mal schnell schauen (fühlen) wollen, ob die Kleine schon Zähne hat. Igitt! Noch ekliger wird das Ganze, wenn man das Baby im Tragetuch hat …

Aber es gibt Abhilfe für genervte Eltern. Eine Freundin aus Hamburg behilft sich zum Beispiel immer mit Sätzen wie: »Jaja, er hat gerade eine Magen-Darm-Grippe« oder

»Die roten Punkte auf dem Körper sind wahrscheinlich ansteckend«. Grandios und vor allem ein extrem sicherer Schutzmechanismus vor haptischen Übergriffen.

Eine besonders bei (noch) kinderlosen Menschen beliebte Eigenart lässt sich als »Clowngruppe« zusammenfassen. Ich kann mich noch sehr genau an einen Tag erinnern, an dem wir uns mit einigen Freunden sonntags zum Frühstück verabredeten. Scott, als einziges Baby, war gerade in dem Alter, in dem er Stimmungen bzw. Ausdrücke zu erkennen lernte. Die erste Stunde verlief ausschließlich so, dass mindestens einer der Anwesenden irgendwelche Faxen machte, um die Reaktion unseres Kleinen zu beobachten. Ein wunderbares Schauspiel. Falls Ihnen also einmal beim Auswärts-Frühstück eine Gruppe junger Menschen begegnet, die unaufhörlich Grimassen schneiden, haben Sie es entweder mit Verhaltensauffälligen oder eben mit einer Clowngruppe zu tun. Kein Grund zur Panik!

Generell haben alle Typen, selbst die Grapscher, etwas Wertvolles gemein. Sie achten auf den Kinderwagen, und das kann gar lebensrettend werden. Rollt der Kinderwagen nämlich einmal in einem unbeobachteten Moment weg, ist jemand zur Stelle. Helfende Hände gibt es wirklich überall, und das ist extrem beruhigend. Ein Beispiel aus einem Blog, da schreibt »hsm«: »Ich war mal echt dankbar für einen Kinderwagenkucker. Der hat uns (oder zumindest meinem Kind) nämlich das Leben gerettet. Aus Gründen, die ich heute nicht mehr nachvollziehen kann, begab ich mich mit Kinderwagen in einem Kaufhaus auf die Rolltreppe nach unten. Das ging genau 2 Sekunden lang gut. Dann rutschte ein Rad des Kinderwagens ab. Wir fingen gefährlich an zu schlittern. Sicher wären wir irgendwann unten angekommen, in welchem Zustand, das steht auf einem anderen Blatt. Ich geriet in Panik, versuchte gleichzeitig den Kinderwagen und das Geländer festzuhalten. Oh Gott, wir fallen, es ist nichts mehr zu retten. Dann – blitzschnell – sprang ein Typ von der danebenliegenden Aufwärtsrolltreppe über das Geländer und fing uns auf. Einfach so. Puh. Stabilisiert. Kamen in intaktem Zustand unten an. Wenn dieser Zeitgenosse nicht hingeschaut hätte ... nicht auszudenken. Ist über 20 Jahre her, und ich habe heute noch Angst vor Rolltreppen. «

Abschließend betrachtet scheinen Menschen also magisch von Kinderwagen angezogen zu werden. Ich kannte dieses Phänomen bis zu meiner Elternzeit lediglich aus der Physik. Wir stellen uns also mal einen Menschen und einen Kinderwagen mit Inhalt als zwei Massen in einem leeren Raum vor. Na, klingelt's? Klar, wir sind bei der Gravitationskraft und somit gleich bei Isaac Newton. Der hat nämlich 1686 das nach ihm benannte Gravitationsgesetz formuliert. Natürlich wissen Sie spätestens jetzt wieder Bescheid. Nur zur Auffrischung sei es an dieser Stelle einmal benannt:

$$F(r) = -G \frac{Mm}{r^2} e_r$$

Jetzt aber alles klar, oder? Falls nicht, lassen wir das besser weg und bezeichnen das oben stehende Phänomen einfach als Anziehungskraft. Damit kennt sich wenigstens jeder aus. Viele Frauen erleben die Anziehungskraft in Verbindung mit Schuhläden, wobei jene dann meistens noch mit dem Zusatz »magische« belegt wird. Da kann ich mich aber nicht weiter zu äußern, denn da verstehe ich nix von. Die zwischenmenschliche Anziehungskraft ist aber wohl jedem ein Begriff, und da kommen wir meines Erachtens der Angelegenheit schon ziemlich nahe. Denn egal, wie die persönliche Lebensplanung aussieht oder einmal aussah, jeder sehnt sich doch nach ein wenig Zuneigung. Und mehr absolute und direkte Zuneigungsbekundungen als die eines Babys gibt es nirgends. Unabhängig von Herkunft, sozialem Status, Geschlecht oder meinetwegen auch Schuhgröße.

Wickeln außer Haus – Damentoiletten bevorzugt

Wie ich bereits erwähnte, wurde ich in der Elternzeit oft gefragt, wie denn so mein Alltag aussehe. Da frage ich Sie, wann Sie das letzte Mal nach Ihren Alltagstätigkeiten gefragt wurden. Im Zweifelsfall als die fürsorglichen (und zahlenden) Eltern wissen wollten, ob die Investition in den Studenten sich auch wirklich lohnt (»Was machst du denn den ganzen Tag?«). Also stellen Sie sich jetzt bitte vor, dass Sie von einem Bekannten oder Nachbarn gefragt werden, wie so Ihr Alltag aussieht. Na? Da kommen Ihnen dann sicher solche Aufsatz-ähnlichen Gedanken in den Sinn wie: Morgens stehe ich um 7 Uhr auf, dann gehe ich ins Bad … Erinnert irgendwie an »mein schönstes Ferienerlebnis«. Wir sind es einfach nicht gewohnt, unseren Alltag tatsächlich in Worte zu fassen. Entsprechend gelang auch mir nie eine gute Antwort auf diese immer wiederkehrende Frage. Was soll ich schon machen? Mich ums Kind kümmern halt. Nichtsdestotrotz habe ich noch mal eingehend darüber nachgedacht, was den Alltag mit Kind in Vollzeit denn am prägnantesten ausmacht. Die Antwort: Wickeln, denn mehr Alltag als Wickeln gibt es nicht.

Wer behauptet, Wickeln mache Spaß, der lügt. Zugegeben ist das keine bahnbrechende und erst recht keine neue Erkenntnis, und doch möchte ich glauben, dass sich die gesellschaftliche Lage eines Landes am Thema Windelwechsel außerhalb der eigenen vier Wände messen lässt.

Dazu muss ich nun ein wenig ausholen. Ich gehe gerne und oft in Cafés. Während der Elternzeit natürlich bevorzugt in solche, die mit Kinderwagen problemlos zu betreten sind. Was sich da einige Architekten einfallen lassen, ist wirklich abenteuerlich im negativen Sinne. Entweder ist die Tür schlicht zu schmal, um mit einem Kinderwagen durchzukommen, oder sie ist mit einem Öffnungsmechanismus versehen, der zwei Meter lange Arme oder jahrelang antrainierte Muskelpakete im Tri- und Bizeps-Bereich voraussetzt. Will das Personal einfach seine Ruhe und Gäste auf Rädern sind unwillkommene Menschen, die die interne Kommunikation nur stören? Aber ich schweife ab …

Jedenfalls ist es immer wieder faszinierend, wie facettenreich die Antworten auf die Frage »Haben Sie eine Wickelmöglichkeit?« ausfallen. Von einem klaren »Ja, auf der Damentoilette« bis zu einem schüchternen »Ähh, nein. Tut mir leid« ist alles dabei. Letzteres ist übrigens IMMER von einem suchenden Blick von Theke bis Toilette begleitet. Als würde sich spontan die Erde auftun und ein Wickeltisch in prominenter Lage erscheinen. Einer meiner persönlichen Favoriten unter den Antworten stammt aus einem etwas nobleren Restaurant in der Nähe von Köln, selbstbewusst vorgetragen: »Wir haben einen großen Waschbereich auf der Herrentoilette. Machen Sie das doch einfach zwischen den Waschbecken.« Gesagt, getan. Tatsächlich erfüllte die etwa 40 cm breite Ablagefläche für Seifen und Handtücher ihren Zweck. Schade nur, dass Mütter nie diese amüsierten und/oder angewiderten Blicke der betuchten männlichen Etablissement-Besucher zu Gesicht bekommen können. Rein aus sozialer Neugier habe ich mir bei dieser Gelegenheit sehr viel Zeit gelassen! Ich schwöre, dass mindestens jeder zweite Mann ein ganzes Paket an Abneigungsbekundungen im Kopf hatte, aber keiner traute sich, etwas zu sagen. Ob es allein an Mettes und meiner Gegenwart lag, dass sich die allermeisten Jungs nach dem Toilettengang nicht die Hände gewaschen haben, überlasse ich an dieser Stelle der Phantasie der geneigten Leserin.

Wenn dann wirklich einmal ein Wickeltisch vorhanden ist, befindet er sich wo? Natürlich auf der Damentoilette. Und so komme ich auch des Öfteren einmal in den Genuss, es den weiblichen Besuchern der Herrenklos auf Großveranstaltungen heimzuzahlen. Falsche Scheu wäre ja auch fehl am Platz, schließlich geht es um meine Tochter. Eine schöne Variante ist auch das Aufstellen einer Windelwechselstelle auf der Behinderten-Toilette. Väter in Elternzeit sind ja auch irgendwie eine Minderheit. Einer meiner Väter-Mitstreiter erlebte in seiner Elternzeit Folgendes: Er bat in einem Geschäft um den Schlüssel für das Behindertenklo (mit Symbol: Rollstuhl plus Baby), um zu wickeln, und bekam an der Kasse die Antwort: »Sie sind doch nicht behindert.« Auch als er vielsagend auf seinen im Kinderwagen sitzenden Sohn deutete, erntete er zunächst nur ein Achselzucken. Erst als er die Geschichte von »Vater in Elternzeit und Sohn, der gewickelt werden muss« erzählte, wurde ihm wortlos, aber missbilligend der Schlüssel überreicht.

Für eine mir bekannte Mutter hingegen ist das Außer-Haus-Wickeln Stressfaktor Nummer eins bei längeren Shoppingtouren. Sie fand sich nach eigenen Angaben schon mal am Tisch der Umkleidekabine in der Herrenabteilung Windeln wechselnd wieder. Weil der gerade die ideale Höhe und Breite hat und auch nicht so angeschmuddelt ist wie manche Toilette. In den USA scheint das Leben mit Kind offenbar höher entwickelt zu sein. Da gibt es tatsächlich in vielen Einkaufscentern sogenannte Family/Nursing rooms, wo Toilette, Waschbecken, Wickelvorrichtung und bequeme Sessel in einem Raum untergebracht sind. Das wäre doch mal etwas zum Abkupfern, gell?

Oft nutzte auch ich notgedrungen die vorhandenen Sitzbänke in einem Café, um Mette »frisch zu machen« (schöner Ausdruck für eine mitunter völlig volle Windel). Natürlich schaut man da erst, ob andere Gäste in der Nähe sind, und wenn ja, fragt man sie, ob sie sich gestört fühlen.

Die besten Tipps fürs Wickeln außer Haus sind aber ganz andere. Beispielsweise geht nichts über die sanitären Anlagen einer Autobahnraststätte. Eigener Raum mit Heizstrahler, hell, sauber und oft mit sehr hilfsbereitem Personal. Nun ist man zum Kaffeetrinken allerdings meist nicht auf Autobahnen, sondern mehr innerstädtisch unterwegs. Mütter haben dieses Ultimativum natürlich längst entdeckt: Der Wickeltisch bei dm (ja, jetzt mache ich mal Werbung). Windeln in allen Größen, Feuchttücher, alles da und kostenlos. Ebenerdiger Eingang mit Schiebetüren und es ist völlig normal, die Ausscheidungen seines Kindes mitten im Verkaufsraum fachgerecht zu entsorgen. So kann also Deutschland auch sein!

Aufpassen sollte man indes immer auf die hygienischen Gegebenheiten. Nicht jeder beherzigt das Motto »Verlasse diesen Platz sauberer, als du ihn vorgefunden hast«. Dass Wickelgelegenheiten in Cafés generell zu wünschen übrig lassen, soll nun aber nicht den Verdacht aufkommen lassen, Deutschland sei kinderfeindlich. Was nämlich andererseits immer wieder erstaunlich ist, ist die Feststellung, dass Eltern sämtliche Schamgrenzen, Privatsphäre und ihre eigene Kinderstube vergessen, sobald es um die eigenen Kinder geht. Das werden Sie leider auch feststellen. Denn sind wir ganz ehrlich: Bevor wir Kinder hatten, fanden wir es auch einfach eklig, wenn ein Elternteil wie selbstverständlich auf der Nachbarbank sein Kind von einer fäkalen Windel befreite. Entsprechend ein Vorschlag an alle Eltern zur Güte: Wickeln Sie öffentlich nur, wenn entweder keiner in der Nähe ist und/oder Sie das O.K. des Personals haben. Alles andere ist schlicht unakzeptabel.

Nichtsdestotrotz kann ich nur jedem raten, auch mal außerhalb der eigenen vier Wände zu wickeln. Aus reiner Neugier auf etwaige Reaktionen des Umfelds. Als Mann hat man da doppelt Spaß. Erstens lernt man schnell, gute und schlechte Cafés zu unterscheiden, und man wird von allen weiblichen Gästen und Angestellten für diese heroische Tat bewundert. Das ist natürlich unfair allen Müttern gegenüber, bei denen das als »normal« angesehen wird. Ist aber unwahrscheinlich gut fürs Ego!

Windeln und Feuchttücher – olfaktorische Dissonanz

Aber wo bekommt man sie eigentlich her, die richtigen Windeln beziehungsweise sonstige wichtige Utensilien fürs Kind? Wenn Sie der Vorstellung erliegen, dass man einfach in eine Drogerie marschiert und Windeln nach Größe »klein, mittel, groß« kaufen kann, dann sind Sie entweder naiv oder haben es noch nicht ganz begriffen. Der Markt für Baby-Artikel jeglicher Art ist extrem dicht, weil lukrativ. Es geht hierbei ja nicht um Dinge, die bei den Discountern wöchentlich angepriesen werden müssen, weil sie eigentlich keiner braucht, die aber dann doch gekauft werden, weil sie ja so schön billig sind. Windeln braucht man einfach. Zwingend sogar. Entsprechend umkämpft ist der Markt. Und wenn Märkte eng werden, kommen Designer,

PR-Leute und Markenentwickler zusammen und werden kreativ. Sie stehen also vor einem Regal in einer x-beliebigen Drogerie oder einem Supermarkt. Was entdecken Sie? Namen und Produktbeschreibungen, an die Sie im Entferntesten nicht gedacht hätten. Die einzige Orientierung bietet neben der Bezeichnung Mini, Midi oder Junior die Angabe des Gewichts. »New Baby Mini« ist zum Beispiel nur für die kleinste Gewichtsklasse von 3 bis 6 kg. Zwingend vorgeschrieben ist auch die Kennzeichnung, wie viele Windeln überhaupt in einem Paket sind. Die Exkrementfänger werden ja nicht an der Wursttheke zu 100 g verkauft. Das ist deswegen wichtig, weil die Preise allein durch die Menge extrem variieren. Sind zum Beispiel bei der eher preiswerten Sorte 42 Stück für etwa 6 Euro zu haben, kostet der Mercedes unter den Windeln zwar vielleicht nur einen Euro mehr, dafür sind dann aber oft nur 36 Stück enthalten. Und es lohnt sich, auf den Preis zu achten. Glauben Sie nicht? Dann hier eine kleine Rechnung für Sie:

Konservativ betrachtet werden Sie Ihr Kind zweieinhalb Jahre wickeln. Das sind 2,5 mal 365 = runde 920 Tage also. Gehen wir weiter davon aus, dass Ihr undichter Familienspross etwa sechs Windeln pro Tag benötigt, dann sind wir bei etwa 5500 Windeln. In einem Paket sind durchschnittlich 40 Behältnisse, also schleppen Sie insgesamt um die 138 Windelpakete nach Hause, bis Sie auch nur annähernd dran denken können, dass Ihr Kind die Toilette benutzen kann – und das auch tut. Die zu erwartenden Kosten sind recht schwer zu beziffern. Je nachdem, ob Sie sich mit den preiswerten Marken begnügen oder lieber die Öko-Windel an den Po soll. Realistisch wäre vielleicht die Annahme eines Durchschnittspreises von sieben Euro pro Paket. Dann käme man bis zum Erreichen des Toilettenalters auf ca. 1000 Euro. Zusätzlich kommen etwa 18000 Feuchttücher dazu. Bei angenommenen zwei Euro pro 100 Stück kommen da auch noch mal satte 360 Euro zusammen. Wenn das mal nicht Zahlen sind, über die man nachdenken kann beim Ausscheidungs-Entsorgungs-Kauf. Wer allerdings meint, dass er angesichts dieser Windelorgie an der Menge sparen kann, der irrt. Beziehungsweise kann diese Rechnung auf Kosten der Gesundheit gehen. Wechselt man die Windeln nämlich nicht oft genug, können sich vor allem bei Mädchen sehr schnell Harnwegsinfektionen bilden. Die unsägliche Kette »Pipi machen – Auskühlen der unteren Partie – Bakterienvermehrung – Infektion durch in die Harnröhre aufsteigende Mikroorganismen – Schmerzen – Schreien – schlechtes Gewissen der Eltern« ist für alle Beteiligten unschön.

Als Homo Elterniensis haben Sie also ganz neue Einkaufserlebnisse. Kein Mensch hat doch vor seiner Zeit als Elternteil jemals Windeln oder Feuchttücher gekauft. Gerade Letztere begleiten einen über viele Jahre, und völlig zu Unrecht wird ihre Daseinsberechtigung mit Nichtbeachtung gestraft. Die sind ja nur zum einmaligen Gebrauch und werden so häufig gekauft, dass man gar nicht mehr drüber nachdenkt. Achtlos verschwinden die Feuchttücher meist im Viererpack im Einkaufswagen, dann irgendwo in der Nähe des Wickeltisches, ein Paket in der Wickeltasche und nach Gebrauch werden die kleinen, praktischen Helfer schnellstens entsorgt. Das finde ich ungerecht. Die sentimentale Note der Feuchttücher ist bei mir stark ausgeprägt, das merkte ich allerdings erst bei Kind Nummer zwei. Scott war bei der Geburt von Mette schon etwa anderthalb Jahre »stubenrein«, und ich hatte die Feuchttücher bereits gedanklich gestrichen. Beim Öffnen der jungfräulichen Packung für Mettes erste Auswürfe übermannte mich aber der ganz typische Geruch. Ich hatte sofort (und ich meine wirklich augenblicklich) sämtliche Bilder präsent, die sich bei Scotts Wickelorgien abspielten. Dieses warme, wehmütige Gefühl der ersten Tage mit Kind, die Käseglocke der ersten Wochen, die stolzgeschwellte Brust des ersten Ausflugs, die zarten Gehversuche. Alles war plötzlich vor meinem inneren Auge wieder da, und das nur wegen des Geruchs der Feuchttücher.

Vielleicht bin ich in dieser Hinsicht ein Exot oder olfaktorisch hypersensibel. Es gibt aber sogar wissenschaftliche Abhandlungen über Geruchshalluzinationen, die dieses Phänomen als »schizophrene Psychose« bezeichnen. Auch im Hollywood-Streifen »Banditen!« wurde das Thema aufgenommen. Bruce Willis suggeriert dem hypochondrischen Billy Bob Thornton den Geruch von verbrannten Federn als Vorstufe eines Gehirntumors. Letzterer glaubt fünf Minuten später tatsächlich, diesen Gestank in der Nase zu haben. Ich hoffe aber nicht, dass ich mir Sorgen machen muss. Beruhigend ist auf jeden Fall die Tatsache, dass das Phänomen der Gerüche schon viele Bestseller produziert hat: Von Marcel Prousts »Auf der Suche nach der verlorenen Zeit« bis zu Patrick Süskinds »Das Parfüm«. Im Zweifel empfiehlt sich nach der Windelphase einfach eine Aromatherapie.

Eine Alternative zu den parfümierten Feuchttüchern ist das völlig aus der Mode gekommene Öltuch. Diese Dinger haben den Vorteil, dass sie so gut wie gar nicht riechen. Sauber machen sie mindestens genauso gut wie die Feuchttücher, haben aber leider ölige Hände zur Folge. Ganz heroische Zeitgenossen verzichten aus den verschiedensten Gründen generell auf die getränkten Einwegtücher und benutzen nur Einweglappen und warmes Wasser. Das mag sehr einfach klingen, ist aber in der Praxis nur mit eisernem Willen durchführbar. In den eigenen Wänden sollte wohl jeder dazu in der Lage sein. Versuchen Sie aber einmal, mitten

in der Fußgängerzone oder auf einem Wickeltisch in der
Drogerie warmes Wasser zu bekommen. Das wird schwierig! Aus eigener Erfahrung kann ich da nur raten, bei jedem
Gang aus dem Haus eine kleine Packung Fertigtücher mit-
zuschleppen. Geruchsempfinden hin oder her; die Dinger
sind einfach praktisch.

Baby + Kinderwagen – ein Dienstleistungs- und Flirtwunder

Dass man als Elternteil um so manche neue Erfahrungen
reicher wird, ist wohl kein Geheimnis. Egal, ob das nun freiwillig oder situationsbedingt geschieht. Zu letzterem Fall
gehören unumstritten das Wickeln, der Umgang mit wenig
Schlaf, Kinderkrankheiten und andere Katastrophen. Wenn
man dann noch ein wenig mit offenen Augen durch die Gegend geht, erkennt man zusätzlich noch die Veränderungen
in der Umgebung. So macht es, wie bereits beschrieben,
einen enormen Unterschied, ob Sie mit oder ohne Kinderwagen irgendwo auftauchen. Der Umstand, dass Mann offenkundig zeugungsfähig ist und zudem noch das Ergebnis
dieser Tatsache mit sich herumschiebt, ist definitiv immer
ein Hinkucker.

Welche Auswirkungen ein mitgeführter Kinderwagen
auf die Umwelt haben kann, lässt sich sehr gut an dem Beispiel der immer wieder kritisierten »Dienstleistungswüste
Deutschland« erläutern. Wir alle regen uns ja schon seit
Jahren und generationenübergreifend gerne über schlecht
gelaunte Verkäufer und fachkenntnislose Aushilfsjobber in
nahezu allen Bereichen auf. Jeder hat wohl schon leidvolle
Erfahrungen mit gelangweilten, unterbezahlten und daher
kreuzunglücklichen Mitarbeitern eines Callcenters gesam-

melt (»Da verbinde ich Sie weiter …«, »Das ist nicht mein
Zuständigkeitsbereich«, »Da müssen Sie am Montag noch
einmal anrufen«). Oder die überaus anstrengenden Kun-
den-Erlebnisse beim Kauf von technischen Geräten: »Ich
interessiere mich für den Drucker xy.« Verkäufer: »Schön!«
Kunde: »Vielleicht könnten Sie mir erklären, was der alles
kann.« Verkäufer: »Na, drucken eben.« Und so weiter. Sie
wissen, was ich meine.

Dazu eine kurze Geschichte in Stichworten:

Mein Handyvertrag sollte verlängert werden, das hieß
neues Handy aussuchen. Also: Rein in den Handy-Shop,
umschauen und ein wenig an den Ausstellungsstücken her-
umprobieren. Als ich an meinem Wunschmodell angelangt
bin, tippt mich eine Verkäuferin an und mault in a-Moll:
»Na, ich kann dir doch sicher helfen.« Ich hatte zu diesem
Zeitpunkt die dreißig bereits weit überschritten, und glauben Sie mir, so jugendlich sehe ich dann auch nicht mehr
aus! Nachdem ich die Verkäuferin darauf aufmerksam gemacht hatte, nahm das Gespräch auch weiterhin keinen
guten Verlauf. Unfreundlichkeit und vollkommenes Desin-
teresse an meinen Wünschen seien hier nur als Stichworte
erwähnt. Dass ich dann noch Fragen hatte, was das Über-
spielen von persönlichen Daten vom zu kaufenden Mobil-
telefon auf meinen PC anging, bedeutete für die Fachkraft
eine Art Mehrarbeit, die sie nur unter hörbarem Murren
und extrem einsilbig abspulte. Kurz: ein Dienstleistungs-
GAU, den vielleicht jeder schon einmal so oder so ähnlich
erlebt hat.

Und jetzt aufgepasst: Zwei Jahre später war ich wieder in
der Situation, mir ein neues Mobilgerät aussuchen zu müssen. Ich ging also in dieselbe Filiale, aber jetzt mit Kinderwagen und der kleinen Mette darin. Es dauerte keine vier
Sekunden, bis das gesamte (!) anwesende Personal um meine

Tochter versammelt und einstimmig der Meinung war, dass das ja das Süßeste sei, was sie jemals gesehen hätten. Nun stand ich zwar ganz kurzfristig vor dem Dilemma, dass der Anlass dieses Besuches unweigerlich in den Hintergrund trat, aber ich hatte ja Zeit. Nachdem sich die Gemüter beruhigt hatten und einige Kekse für Mette aus dem Büro geholt worden waren, erhielt ich eine Beratung, wie man sie sich eigentlich immer wünscht. Freundlich, kompetent und verständlich. Ein Einzelfall? Mitnichten! Die Erfahrung aus meinen beiden Elternzeiten zeigt eindeutig: Mit Kindern ist man, was das Thema Dienstleistung betrifft, definitiv besser dran. Nahezu immer sieht man freundliche Gesichter in den Fachabteilungen der Kaufhäuser, in Supermärkten oder kleinen Einzelhandelsgeschäften – sobald Mann mit Kind auftaucht. Natürlich ist es einigermaßen verständlich, dass Mette und ich erst einmal auffallen. Wir sind ja mit Kinderwagen auch ein bisschen breiter als andere Kunden. Aber wie oft habe ich mich schon dabei erwischt, diese Kundenfreundlichkeit von Angestellten zu erwarten, auch wenn ich alleine beim Einkaufen war. Da gibt es wirklich einen Unterschied. Kindchenschema sei Dank.

Klar gibt es überall von Natur aus griesgrämige oder nette Angestellte im Dienstleistungssektor, inklusive »guter« und »schlechter« Tage. Das spiegelt ja nur die Gesellschaft wider. Aber wer wirklich unbedingt einmal in den Genuss einer zuvorkommenden Beratung kommen will, dem sei empfohlen: Leihen Sie sich ein Kind aus, möglichst inklusive Kinderwagen, und gehen Sie dann zusammen shoppen.

Apropos ausleihen. Es soll ja in New York einen Service geben, bei dem sich Single-Männer Hunde leihen können, um so ganz zwanglos beim Spazierengehen im Central Park die Herzensdame kennenlernen zu können. Nachgewiesenermaßen kommt man ja unter Hundebesitzern gerne ins

Gespräch, und in der Single-Metropole New York scheint es ein lukratives Geschäft zu sein, Menschen, die ansonsten nicht in der Lage sind, soziale Kontakte aufzubauen, mit Hunden unter die Leute zu bringen. Dog-Dating also. Ich habe zwar keinen Hund, kann demnach also nichts über eventuelle Erfolgsquoten dieser Strategie berichten, aber mit Kinderwagen-Dating kenne ich mich aus. Jetzt müssen Sie mir bitte abnehmen, dass ich ganz gut im Flirten bin beziehungsweise war. Also früher, vor ganz langer Zeit, meine ich. Nicht, dass Sie denken … Aber lassen wir das. Tatsache ist: Ich habe noch nie so viele weibliche Wesen ungezwungen kennengelernt wie mit dem Kinderwagen an meiner Seite. Und da rede ich jetzt nicht von älteren Damen, die einfach einmal schauen wollen, wie klein doch Babys sein können, oder warum sie sonst immer in fremde Kinderwagen schauen. Nein, ich spreche hier von größtenteils sehr attraktiven, jungen Frauen. Hätte ich die magische Anziehungskraft eines Kinderwagens früher durchschaut, wäre ich mit Sicherheit viel öfter mit meinen Nichten herumgefahren, um so »Kontakte zu knüpfen«. Ja, liebe Mütter, eure Männer werden durch ihr Papa-Sein offensichtlich extrem attraktiv.

Ein Beispiel: Meine Liebste und ich waren mit dem drei Monate alten Scott in der Innenstadt einkaufen. Müde vom Bummeln fielen wir in ein Café ein. Ich transportierte Scott in seinem Körbchen schon einmal Richtung Tisch, während Mama auf die Toilette ging. In diesem Café waren komischerweise ausschließlich Frauen, und zwar im Alter von 15 bis 55. Alle, ALLE, Damen drehten den Kopf und schauten mehr als die berühmte eine Sekunde lang zum Abchecken, wer denn da reinkommt. Während ich Scott von der dicken Decke befreite und mich dann selbst aus der Jacke schälte, kam die komplette Besetzung dreier Tische auf uns beide zu. Es standen insgesamt acht Frauen um uns herum und jede, JEDE, hatte dieses Funkeln in den Augen, das wahrscheinlich genetisch bedingt ist. Ich denke, dass da Zeugungsfähigkeits-, Versorger- und Beschützergene wirken. Als dann meine Liebste an den Tisch kam und offensichtlich wurde, dass sie der zweite und entscheidende Elternteil war, verzogen sich die Damen doch auffällig schnell. Anderes Beispiel: Wieder ein Café. Ich setze mich nach der Platzierung des Kinderwagens an einen Tisch, ziehe die Decke von der schlafenden Mette etwas herunter, hänge meine Jacke über den Stuhl und hole meine Zeitung unter dem Wagen hervor. Sogleich höre ich eine Stimme von nebenan und blicke auf. Und zwar in das Gesicht einer bildhübschen Endzwanzigerin, die sich nach dem Befinden des schlafenden Bündels erkundigt. Ich beantworte pflichtschuldig alle Fragen nach Geschlecht, Alter, Schlafgewohnheiten meiner Tochter und versuche währenddessen zu begreifen, wieso mir eine solche Begegnung noch vor einigen Jahren unmöglich erschien. Bevor ich jedoch zu einem Ergebnis komme, fängt diese Schönheit auch noch an, völlig unverblümt mit mir zu flirten. DAS wäre ohne Kinderwagen völlig ausgeschlossen gewesen. Da muss ich ehrlich sein.

Ich kann also auch allen Singles dieser Welt nur empfehlen: Wenn ihr eine Frau sucht, leiht euch bei irgendwem ein Baby mit Kinderwagen aus!

Tatort Supermarkt – Einkaufen mit Kindern

Einkaufen für und mit Kindern kann neue Welten erschließen. Es geht aber auch ganz anders. Denn die Vorstellung, dass der Papa oder die Mama wie selbstverständlich auch immer gut gelaunt und mit viel Zeit durch die Läden der

Wahl schlendern, ist natürlich ein Trugbild. In der Elternzeit mag das ja noch angehen. Da kann man in groben Zügen selbst über seine Zeit bestimmen und ist daher grundsätzlich entspannter, als wenn noch ganz andere Verpflichtungen den Zeitplan erheblich eingrenzen. Zum Beispiel so etwas Lästiges wie ein Job. Ein Elternteil allerdings muss ja weiterhin ein wenig Geld ranschaffen, um die ganzen Windelpackungen und Gläschen zu finanzieren, die nun plötzlich auf der Einkaufsliste stehen.

In meinem ersten Leben ging ich nach der Arbeit mal eben noch schnell in den Supermarkt um die Ecke, eine Tiefkühlpizza holen. Vielleicht noch eine Packung Milch sowie ein Brot und fertig. Und nun das Quiz: Suchen Sie mal die Fehler in diesen zwei Sätzen bezogen auf die Zeit nach Geburt Ihres Kindes ... Na? Es gibt deren vier. Nummer eins ist »mal eben«. Ich hätte mir kaum träumen lassen, dass eine gewisse konservative Einstellung bei der Alltagsplanung mit Kind unabdingbar ist. »Mal eben« ist vorbei. Geht nicht mehr. Es bedarf jetzt der Planung des Lebensmitteleinkaufs. Von der dringenden Notwendigkeit, den Windel- und Feuchttuch-Vorrat immer im Auge zu behalten, ganz zu schweigen. Fehler zwei ist das unscheinbare und doch äußerst bedeutende »schnell«. Hetzen mit Kind? Unmöglich. Meiner Erfahrung nach braucht man für den Einkauf mit Kind mindestens dreimal so lange. Ich habe das sogar einmal gestoppt. Das war zwar albern, aber doch notwendig für meine innere Uhr. Irrtum Nummer drei ist eng verknüpft mit Fehler Nummer eins: »vielleicht«. Vielleicht stelle ich mich auch nur besonders dämlich an, aber ohne Liste bin ich mittlerweile aufgeschmissen. Reine Impulskäufe führen bei mir in der Regel dazu, dass ich wegen der vergessenen Produkte noch einmal losmuss. Der letzte Fehlerteufel, der sich eingeschlichen hat, bezieht sich allerdings erst auf die Zeit nach der Stillphase. Wer »eine Packung Milch« kauft, kann gleich zweimal am Tag einkaufen gehen. Die Anzahl an Milchpackungen im Kühlschrank potenziert sich dann mit der Anzahl der Kinder.

Kommen wir also hier zu den Hindernissen beim Einkauf mit Kindern im Detail. Als Allererstes ist die einzurechnende Dauer zu nennen. Meine Liebste und ich haben zum Beispiel vor der Geburt der Kinder unseren Wochenendeinkauf am Samstagvormittag innerhalb von einer Dreiviertelstunde erledigt. Dabei sind wir nach dem Ausschlafen (kann man jetzt ja auch vergessen) und einem gemütlichen (dito) Frühstück meist mit den Fahrrädern Richtung Supermarkt gefahren. Manchmal hatten wir sogar schon vor dem Einkauf gewisse Vorstellungen der angestrebten Verköstigung. Das war aber eher die Ausnahme, und wir haben uns meist im Geschäft erst die Ideen geholt und uns von der Vielfalt leiten lassen. MIT Kind läuft das anders ab. Hat man es noch mit einem Baby zu tun, ist das Ganze einigermaßen überschaubar, wenn auch schon zeitraubender. Das Baby muss frisch gewickelt sein, Schicht für Schicht muss angezogen werden, Schnuller sollte im Handgepäck sein. In die Babyschale im Auto legen, anschnallen, Parkplatz suchen, Kind abschnallen, ins Tragetuch nehmen oder den Kinderwagen aus dem Kofferraum hieven und erst dann den Markt der Schlemmereien betreten. Das dauert!

Da sei gleich gesagt: Der Samstagmorgen ist mit Abstand die familienunfreundlichste Zeit zum Einkaufen. Da haben alle Zeit und wollen mal »gemütlich« ihren Großeinkauf machen. Viele Menschen bedeuten Andrang, wenig Platz und daher Stress. Das überträgt sich sofort auch auf die Allerkleinsten. Schon als Single fand ich das Einkaufen am Samstag immer extrem stressig. Wegen der vielen schreienden Kinder. Auch aus der Warte eines Betroffenen empfinde ich die hellen, kreischsägenartigen Laute der Kleinsten im Supermarkt oft als unerträglich. Da vereinigt sich die Stimmgewalt der 0- bis 2-Jährigen manchmal in einer Sinfonie der Abartigkeit, die mich selbst als Papa einfach nur nervt.

Die Frage ist, ob sich das verhindern lässt. Ein klares Nein. Aber es gibt kleine Hilfsmittel. So nutzt es beispielsweise schon, wenn man seinen Nachwuchs nicht hungrig in die Höhle des Konsums mitschleppt. Die frischen Windeln hatte ich ja schon angesprochen und auch den Notfall-Schnuller. Das vorherige Füttern hat oftmals den Vorteil, dass die Kleinen den Einkauf sogar ganz verschlafen. In jedem Fall sollten Sie alle Möglichkeiten und Instrumente nutzen, damit Ihr Nachwuchs möglichst zufrieden in den Einkauf starten kann. Ein weiterer Stressfaktor für Eltern und Kind sind sehr schmale Gänge. Regalplätze sind in Supermärkten begehrt, daher sparen viele Ketten im Zweifel zunächst am Platz zwischen den Regalen. Das nervt ja schon mit einem – zumeist völlig überdimensionierten – Einkaufswagen, der Grad der Genervtheit steigt dann aber noch mit Kinderwagen. Wenn also eine junge Dame mit Pelzjäckchen rechts von Ihnen ihren Einkaufswagen vor der Tiefkühltheke abgestellt hat, um das Angebot genau zu studieren, und sich links daneben gerade ein älterer Herr anschickt, die Preise für Tütensuppen auswendig zu lernen, haben Sie was? Genau, keinen Platz zum Durchschlüpfen. Da nützt Ihnen auch der vorher aufgeschriebene Einkaufszettel nichts, wenn Sie alle zwei Meter auf Hindernisse treffen. Das lässt sich natürlich noch dadurch steigern, dass Sie an der vollen Kasse von hinten den Wagen in die Hacken geschoben bekommen, weil die rückwärtige Kundin einmal in den Kinderwagen schauen möchte. Selbstverständlich wird dann von Ihnen erwartet, auf das obligatorische

»Hach, ist die süß« entsprechend freundlich zu reagieren. Auch wenn Sie Ihre linke Ferse nicht mehr spüren. An solchen Tagen beobachtet man auch die gerade Bezahlenden ganz gerne. Als ob es dadurch schneller ginge. Es erstaunt mich aber immer wieder, wie viele Menschen an Supermarktkassen ganz überrascht scheinen, dass man hier auch bezahlen muss. In aller Seelenruhe wird in gefühltem Zeitlupentempo das gekaufte Gut in die Tasche gepackt und erst wenn auch wirklich die letzte Zitrone verstaut ist, bequemt sich eine Hand, nach dem Geldbeutel zu greifen. Einige suchen ihn dann erst. Wen das nicht rasend macht, der ist entweder ein in sich ruhender Mensch oder er nimmt Drogen. Ein anderer anstrengender Typ Konsument ist der, der zwei Tafeln Schokolade mit der EC-Karte bezahlt und natürlich erst überlegen muss, wie jetzt noch mal die PIN-Nummer war. Oder KundInnen, die partout die Zeche von 19,81 Euro auf Heller und Cent genau bezahlen möchten und beim Abzählen (einzeln und laut) bei »79 Cent« alle Wartenden daran teilhaben lassen, dass das ja wirklich witzig sei, dass nur zwei Cent fehlen. AAAaaarrgghhh!

Entsprechend ist man besser beraten, wenn man zu den Zeiten einkaufen geht, in denen nicht so viel los ist. Je schneller es geht, desto besser. Das ist zwar leichter gesagt als getan, wenn zum Beispiel beide Elternteile arbeiten gehen, bleibt aber trotzdem einer der Tipps schlechthin. Doch gerade für Alleinerziehende bleibt die optimale Einkaufszeiteinteilung leider ein Wunschgedanke. Im Zweifel empfiehlt es sich, die wöchentlichen Großeinkäufe einfach alleine zu erledigen. Stopp. Das ist jetzt keine Aufforderung, die lieben Kleinen für eine Stunde in den Keller einzusperren. Alternativen dürfte jeder haben. Zwei Fliegen mit einer Klappe zu erledigen bietet sich bei der regionalen Nähe der

Blutsverwandtschaft an. Oma/Opa freuen sich immer, wenn sie den Enkel einmal ganz für sich haben. Auch wenn das in Einzelfällen mit dem Hintergedanken geschieht, die ungeliebten Erziehungsmethoden der eigenen Tochter und des Schwiegersohns (oder umgekehrt) zu korrigieren. Häufig hören nämlich die Großeltern zwar vordergründig nach der Geburt oder der Anfangsphase auf, »gute Tipps« zu verteilen. Im Innern aber rumort es weiter, wenn die Art des Umgangs mit dem Nachkommen der zweiten Generation nicht in das eigene Schema passt.

Das war aber jetzt sehr diplomatisch. Im Klartext heißt das nichts anderes, als dass Oma diesen verweichlichten Ton gegenüber IHREM Enkel nicht ertragen kann und insgeheim froh ist, dieses Manko zumindest stundenweise ausbessern zu können. Jetzt muss ich natürlich schreiben, dass das bei uns nicht der Fall war und ist. Ist aber wirklich wahr. Ich kenne allerdings einige Beispiele, bei denen die Erziehungs- oder Umgangsmethoden eine durchaus konfliktreiche Situation darstellen. Trotzdem kann man gut auf die Verwandtschaft zurückgreifen, wenn man mal in Ruhe seinen Einkauf erledigen möchte. Sind allerdings weder Oma/Opa noch Schwester/Bruder in erreichbarer Nähe, ist das ein nicht unerhebliches Problem. Unsere Mütter wohnen in 200 bzw. 600 km Entfernung. Das mag hier und da ein kleiner Vorteil sein, wenn man nicht so sehr ein Familienmensch ist, bedeutet aber für das ruhige Einkaufen die Suche nach Alternativen.

Gehen wir aber nun davon aus, dass Sie mindestens 90 Prozent Ihrer Einkäufe mit Kind erledigen. Dafür hier einige Tipps in der Reihenfolge der Entwicklungsstadien der kleinen Einkaufsverlängerer:

- Gehen Sie immer frisch gewickelt aus dem Haus. Falls Sie nämlich glauben, dass die Barriere Windel stets absolute Sicherheit gewährt, erliegen Sie einem großen Irrtum. Erstens kann man sich »verwickeln«, also beispielsweise bei strampelnder Tätigkeit des zu Wickelnden vergessen, die »Flügel« rechts und links am Bein nach außen zu stülpen. Ein ganz typischer Anfängerfehler, den man sich aber spätestens nach dem dritten Desaster abgewöhnt. Zweitens hat so eine Windel dummerweise auch eine Kapazitätsgrenze. Heutige Windeln haben sogenannte Superabsorber. Das sind vernetzte Polymere, die zu 0,1 bis 0,8 Millimeter großen Körnchen gepresst sind. Dieses Granulat kann das 50-Fache an Körperflüssigkeiten aufnehmen und verbindet sich mit dem Urin zu einem Gel. Coole Sache. Dazu gibt es eben noch einen Auslaufschutz oben und an den Seiten. ABER eben nicht unbegrenzt. Ein entscheidender Hinweis fehlt zum Beispiel sowohl auf den Verpackungen als auch in sämtlichen Ratgebern: Wundcremes, die man dummerweise öfter mal braucht, imprägnieren die Windel von innen. Und so bahnt sich eben das »kleine Geschäft« irgendwie anders den Weg durch die Windel und meist in die Hose …

  Also halten Sie die Frequenz des Wickelns hoch, besonders vor dem Einkaufen, sonst haben Sie die Nässe im Auto, im Einkaufswagen oder sonst wo. Von den Düften des »großen Geschäfts« und den damit einhergehenden Quengeleien sowohl des Babys als auch der übrigen Kunden (die Sie mindestens mit Blicken strafen) will ich hier gar nicht anfangen.

- Geben Sie Ihrem Kind etwas zu essen oder zu trinken. Das ist zugegebenermaßen kein unglaublich innovativer Tipp, da Nicht-Essen im Allgemeinen als unangenehmer

Zustand bekannt sein dürfte. Ich will lediglich darauf aufmerksam machen, dass Babys unmittelbar ihre Bedürfnisse zum Besten geben. Da ist es nicht mit Geduld oder Diplomatie getan. Da hilft auch kein gutes Zureden. Wie oft habe ich beispielsweise in einer ellenlangen Besprechung gesessen und auf dem Tisch gab es nur bitteren Kaffee aus Thermoskannen. Mein Magen meldete sich dann immer irgendwann und verlangte Nachschub. Bei solchen Gelegenheiten fällt es mir durchaus schwer, den Impuls zu unterdrücken, einfach aufzustehen und zu brüllen, dass ich jetzt etwas essen möchte. Erwarten Sie diesen angelernten Unterdrückungsmechanismus bitte nicht von Ihrem Baby. Ich hatte jedenfalls immer eine »Sicherheitsmilch« dabei.

- Bewahren Sie Ruhe! Ja, das ist mal ein Tipp, der nach einem Beispiel geradezu schreit. Ich habe deren zwei: Ich hatte einmal wieder etwas beim Einkaufen vergessen und musste (alleine) zurück Richtung Discounter um die Ecke. Selbstverständlich war ich genervt, und wenn man sich selbst über die eigene Vergesslichkeit ärgert, macht das Einkaufen ja doppelt so wenig Spaß. Also rein in den Markt, durch die beiden automatischen Tore (weiß der Geier, warum die Dinger da stehen, vielleicht sind das Paniksperren zum Innehalten für gestresste Einkäufer), an der Gemüsetheke vorbei und schnurstracks zum Frühstücksregal. Das Ärgerlichste an meiner Vergesslichkeit ist nämlich, dass sie selektiv vorrangig meine Wunschprodukte betrifft. Für die Kinder habe ich immer alles. Das muss eine Art innere Prioritätensetzung sein. Jedenfalls hatte ich mein Nusspli vergessen, und ohne Nusspli gibt es bei mir kein Frühstück unter der Woche. Da bin ich fies für! Jedenfalls stand ich kurz vor der Ergreifung der Zucker-Fett-Masse am Regal meiner Wünsche und wurde mitten in der Handbewegung von einem zerreißenden Schrei aus meiner Trance gerissen. Gegenüber stand ein Einkaufswagen mit einem etwa zweijährigem Kind darin, das offenkundig mit seiner Gesamtsituation nicht zufrieden war. Die dazugehörige Mutter sah ich eine halbe Sekunde später, mit Schnuller in der Hand. Ich schloss daraus, dass sie gerade das Mundstück aus dem Kind entfernt hatte. Warum, erschloss sich mir nicht. Aber die Frau Mama war offenbar äußerst gestresst. Sie brüllte nämlich zurück, dass »Schantall« (!) sich nun bitte benehmen solle. O-Ton: »Hör jetzt auf, sonst lass ich dich hier alleine.« Die Drohungen dieser Art gingen noch weiter, aber das erspare ich Ihnen und mir. Das Ende vom Lied war, dass die Kleine noch mehr schrie und die Mutter sie mit weiteren Tiraden bedachte. Das ist natürlich ein Extrembeispiel, aber eben passiert und nicht zur Nachahmung empfohlen.

DER Klassiker mit Kindern beim Einkaufen ist mir auch schon mal begegnet. Der Albtraum aller Eltern. Tatort Supermarkt. Ein Junge, etwa vier Jahre alt, rennt quietschvergnügt durch die Gänge. Von Eltern keine Spur, aber die müssen irgendwo in der Nähe sein, denn das Kind dreht sich ständig um und schaut, ob es von Mama oder Papa verfolgt wird. Tja, und genau das sollten Kinder besser lassen. In den vollgestopften Supermärkten stehen nämlich sogenannte Stopper. Das sind Stapel mit Produkten, die zur spontanen Mitnahme animieren sollen, was auch bei mir trotz der Augenscheinlichkeit des schnöden Marketinginstruments oft genug funktioniert. Wenn nun die Augen aber in der falschen Richtung die Gegend betrachten und die Geschwindigkeit eines Kindes proportional zu dessen Albernheitsfaktor verläuft, geschieht nun mal das Unausweichliche. Der besagte Junge krachte lachend in einen großen Stapel Geschirrspültabs-Packungen, der sich binnen drei sehr langen Sekunden in eine traurige Ruine verwandelte. Slapstick pur. Dem Kleinen war nichts Ernsthaftes passiert, außer dem Schrecken, der ihm ins Gesicht geschrieben stand. Folgende Reaktionen der Eltern sind nun denkbar: Erstens können sie mit dem Kleinen schimpfen, ihn am Arm packen und hochziehen, mit der Folge, dass das Kind anfängt, bitterlich zu weinen. Das passierte in vorliegendem Fall, ist aber die schlechte Alternative. Die zweite Möglichkeit ist unumstritten die bessere: Die Eltern schätzen die Situation blitzschnell ab, merken, dass sich ihr Sprössling nicht wehgetan hat, und fangen an zu lachen. Das Kind wird mitlachen. Ich schwöre! Außerdem kann man gemeinsam den Stapel wieder herrichten und daraus ein » Event « machen, von dem der Spross mit Begeisterung noch Wochen erzählen wird.

▪ Lassen Sie Ihr Kind nicht im Auto. Das ist eigentlich nicht weiter erklärungsbedürftig, passiert aber leider offenbar häufiger, als man meinen sollte. Ich habe tatsächlich ein paar Mal gesehen, wie Eltern ihr Kleinkind auf dem Rücksitz eines Autos ließen, das Fenster ein wenig herunterkurbelten und dann abschlossen. Im Sommer und in praller Sonne. In einem Fall habe ich den Vater darauf angesprochen, der dann murrend zu seinem Auto zurückging und seine Tochter mit in den Supermarkt nahm. Hunde bellen wenigstens, wenn ihnen zu heiß wird, bei Kindern, die vielleicht eingeschüchtert auf dem Sitz kauern, bin ich mir da nicht so sicher.

Es gibt aber noch einen anderen Grund, Kinder nie allein im Auto zurückzulassen. Ich war einmal mit dem fünfjährigen Scott beim Einkaufen, nachdem ich ihn vom Kindergarten abgeholt hatte. Er war extrem mies gelaunt und wollte auf Teufel komm raus nicht mitkommen. Nach fünf Minuten guten Zuredens gab ich dann auf und ging schnellen Schrittes alleine in den Supermarkt. Ich war keine vier Minuten im Geschäft und bereits auf dem Weg in Richtung Kasse. Wie man das eben so macht, schaut man beim Schieben des Einkaufswagens immer mal in die Reihen, die man gerade passiert, um keine Sonderpreise zu verpassen oder nichts zu vergessen. Ich ging gerade an den Konserven vorbei, stoppte zwei Meter später beim Kaffee und schob noch mal zurück. Den kannte ich doch? In der Tat saß Scott verträumt vor den Erbsen mit Möhren und betrachtete die Etikettenvielfalt der Dauerkonserven. Ich ging zu ihm und fragte ruhig, was er denn da mache. Gleichzeitig war mein Puls ungefähr bei gefühlten 240 Schlägen. Seine Erklärung, ihm sei so langweilig gewesen, habe ich dann mal so hingenommen. Der kleine Satan hat doch tatsächlich das Fenster auf dem Rücksitz heruntergekurbelt und ist aus dem Auto geklettert, über den Parkplatz gelaufen und wollte jetzt selbst einkaufen. Ich habe eine geschlagene Woche benötigt, um mich nicht mehr als absoluter Rabenvater zu fühlen. Natürlich habe ich ihm noch erklärt, dass ich das für keine so gute Idee hielt und was alles hätte eventuell passieren können. Stellen Sie sich aber einmal vor, Sie kommen aus dem Supermarkt zurück und Ihr Kind ist nicht mehr im Auto. Horror. Ich mache das jedenfalls nie wieder.

- Beteiligen Sie Ihr Kind am Einkauf. Ist Ihr Sprössling schon größer und hat begriffen, dass der Gang in den Supermarkt etwas mit dem Kaufen von neuen und spannenden Dingen zu tun hat, ist es an der Zeit zu erziehen. Jawohl, da kommen Sie sowieso nicht drum herum. Schon an der Anzahl der angebotenen Artikel auf dem Spielwarenmarkt kann man ablesen, welche Rolle der Konsum bei uns spielt. Außerdem kann sich fast jeder daran erinnern, wie toll es früher war, mit dem Krämerladen in Miniaturform zu spielen. Ich erinnere mich zumindest noch sehr gut an den Käse aus Gummi und meine rote Waage aus Metall. Wir hatten als Kinder einen Heidenspaß am Kaufen und Verkaufen, dem Nennen von fiktiven, teils exorbitanten Preisen und dem Tauschen von doofem Papiergeld in harte Währung in Form von Plastikpfennigen. Tatsache bleibt offenbar, dass es auch der heutigen Generation Spaß macht, einkaufen zu gehen. Und das sollte man ausnutzen. So wird spielerisch geübt, mit Geld umzugehen und nur das zu kaufen, was man wirklich braucht. In manchen Geschäften gibt es kleine Einkaufswagen für Kinder. Die Kleinen sind dabei stolz wie Oskar, wenn Sie ihnen kleine Aufträge geben. Zum Beispiel, etwas aus dem Regal zu nehmen, was Sie sowieso kaufen möchten. An der Kasse sollten die Kinder die Ware selbst aufs Band legen und vielleicht auch bezahlen, wenn hinter Ihnen keine Schlange steht.

- Stellen Sie Regeln auf. Natürlich möchte Ihr Kind auch etwas vom Einkauf mit nach Hause bringen, was es sich selbst ausgesucht hat. Daher ist es aus Erfahrung extrem sinnvoll, vorher eine Vereinbarung zu treffen. Einen Artikel sollte es sich aussuchen dürfen, egal ob Joghurt, Süßigkeit oder eine Zeitschrift. Jetzt haben Sie bestimmt gestutzt. Natürlich ist der gesamte Supermarkt darauf ausgerichtet, Geschäfte zu machen. Eben auch mit Kindern bzw. deren willensschwachen Erziehungsberechtigten. Und leuchtende Augen vor dem Süßwarenregal sind kein Ausbund Ihrer Erziehungsmethoden, sondern Programm. Die Quengelware aus Schokolade, Gummibärchen und Eis ist nicht wegzudiskutieren. Es stellt sich also nur die Frage, wie Sie damit umgehen. Wenn Sie vorher bereits Regeln aufgestellt haben und konsequent bleiben, werden Sie schnell merken, dass diese Taktik wunderbar funktioniert und der Nachwuchs sich nicht schreiend vor den Regalen auf den Boden wirft, wenn er denn den einen vereinbarten Wunsch erfüllt bekommen hat.

Unter dem Motto »Einkaufen mit Kindern – ohne Stress« startete übrigens im Oktober 2008 ein Online-Portal für kinderfreundliche Geschäfte. Ziel ist es, familienfreundliche Unternehmen bzw. Geschäfte der Öffentlichkeit bekannt zu machen. In der Pressemeldung hieß es: »Unternehmen können sich kostenlos registrieren lassen und zahlreiche Daten in der Info-Datenbank hinterlegen. Die Eltern haben die Möglichkeit, gezielt diese Daten abzufragen, um den Einkaufstag mit ihren Sprösslingen gelassen zu gestalten.« Das ist wirklich eine gute Idee des Initiators, der selber Vater zweier Kinder ist und offensichtlich auch leidgeprüft. Ein halbes Jahr nach der Einführung befanden sich genau zwei (2!) kinderfreundliche Geschäfte auf dem Portal www.einkaufen-mit-kindern.de. Eine Zahl, die eigentlich keines weiteren Kommentars bedarf. Vielleicht war aber die angekündigte Hürde zu hoch. Es sollten nämlich Geschäfte und Einrichtungen sein, die während des Einkaufs eine Kinderbetreuung oder einen Spielbereich zum Toben anbieten. So weit sind wir dann offensichtlich doch noch nicht.

Ganz spezielle Einkaufserlebnisse kann man bevorzugt in der Vorweihnachtszeit haben. Verkaufsoffene Sonntage. Für mich mehr Fluch als Segen. An Sonntagen macht man ja eigentlich so allerhand. Ausschlafen, gemütlich frühstücken, sich zum Kaffee verabreden, spazieren gehen, ein Buch in der Badewanne lesen oder sich einfach nur vorm Fernseher berieseln lassen. Sobald man Kinder hat, gehört das meiste zwar einem vergangenen Leben an, aber es bleibt der heiß ersehnte Tagesablauf. Ja, ja, jetzt nur nicht jammern. Jedenfalls sind die verkaufsoffenen Sonntage in der Theorie eine praktische Angelegenheit, da man »in Ruhe« mit der gesamten Familie die zu erledigenden Spezialeinkäufe machen kann. So stellten wir uns das eines Tages ebenfalls vor, rein theoretisch. Wir brauchten nämlich eine neue Küche. Also nutzten wir das Angebot eines ortsansässigen Möbelhauses. Und der mieseste Sonntag seit Langem nahm seinen Lauf …

Auf schwedische Einrichtungsketten gepolt, gingen wir davon aus, dass man sich die Küchen in der Ausstellung ansieht, sich den entsprechenden Katalog mit ins hauseigene Restaurant nimmt, während des Essens die Preise für die benötigten Küchenmöbel ausrechnet und dann noch mal für die Detailfragen zu den Fachverkäufern tigert. Die ersten beiden Punkte verliefen auch noch nach Plan. Die Abweichungen begannen ab der Kantine. Als Scott nämlich bei der siebten Küchenbesichtigung die Langeweile und der Hunger ins Gesicht geschrieben standen, waren wir alsbald mit drei Katalogen unter dem Arm ins »Berggaststübl« geeilt. Allein der Name hätte stutzig machen sollen. Wie mangels anderer Verköstigungsmöglichkeiten (da gab's keinen Hot-Dog-Stand) zu erwarten war, drängelten sich gefühlte 2000 Familien vor der vier Quadratmeter großen Essensausgabe. Nach krampfaderlangen 30 Minuten hatte ich dann das Ziel meiner Träume erreicht, in Person einer sichtlich desinteressierten, Teller herrichtenden Dame, die sich offenbar in einem Meditationsseminar wähnte. Das erklärte zumindest die atemberaubende Geschwindigkeit, in der die hungernde Kundenschlange anwuchs. Ebenso wenig überraschend war das Mittagsangebot: gesiedete Bockwurst mit Sauerkraut oder Schweinesteak mit zerkochtem Dosenpfirsich und heller Fettsoße. Na ja, der Hunger trieb's rein. Auch schön: Den kostenlosen Kinderteller gab es nur mit Gesichtskontrolle an der Kasse. Also musste ich erst Scott aus dem Spielparadies wegzerren, sonst hätte er hungern müssen.

Wenigstens war man hier sicher vor dem unerträglichen Getöse des Alleinunterhalters auf der Bühne im Erdgeschoss. Nun fix den Katalog gewälzt. Die Unter-, Wand- und Hochschränke waren relativ schnell gefunden. Allein die Preise fehlten. Entsprechend ging es wieder in die Fachabteilung mit gezielten Fragen, die, Sie ahnen es, selbstredend unverbindlich und ungenau waren (»Wird so etwa zwischen 2500 und 3000 Euro kosten«). Aus lauter Frust haben wir uns in der Nähe des Ausgangs noch etwas mitgenommen. Nein, keine Teelichter, sondern einen kleinen Milchtopf. Fehler! Leider waren nur zwei Kassen besetzt, was uns zusätzliche 25 Minuten im Sound des »lustigen Bühnenzauberers« verweilen ließ. Ich könnte jetzt natürlich noch ausschweifend erzählen, wie gut Scott und Mette drauf waren bei diesem vierstündigen sonntäglichen Ausflug. Sie können es sich denken. Wahnsinnig viele Menschen, die sich durch die Gänge schieben, Kinderwagen, die sich aus Platzmangel ineinander verkeilen, das folgende Gezeter von Klein und Groß, der Lautstärkepegel und die Luft, meine Güte. Unsere Konsumgewohnheiten beschränken sich seitdem konsequent auf Montag bis Samstag.

Pressekonferenz mit Baby – ein Toleranztest in Berlin

Die schönsten Geschichten erlebt man ja bekanntlich im Alltag. Und als Mensch in Elternzeit beugt man sich ganz automatisch dem Alltag des gerade alleinverdienenden Partners bzw. der Partnerin. Was im Übrigen eine sehr gute Erfahrung für jedes Elternteil ist, sei es nun weiblich oder männlich. In wie vielen Familien ist es immer noch gang und gäbe, dass Mutti zu Hause bleibt, während Vati arbeiten geht. Derjenige Elternteil, der sich ausschließlich um Kind und Kegel kümmert, baut in der Regel seinen Alltag (oder den der Kinder) um den des Job-Inhabers herum. Das ist logistisch ganz schön aufwendig ... und natürlich ein alter Hut. So ging und geht es Abertausenden von Müttern schon seit Jahrzehnten. Aber auch uns Männern kann diese Erfahrung nicht schaden.

Eine Woche während meiner Elternzeit sollte nun ich einmal männlicher Begleiter auf einer Dienstreise sein. Frau Psychologin nebst Gatte. Meine Liebste war nämlich Teilnehmerin eines Kongresses in Berlin, und Mette und ich durften mit. Scott war mit seinen Berliner Großeltern gerade im Urlaub in der Türkei, und wir hatten eine schöne schwiegerelterliche Wohnung im Prenzlauer Berg ein paar Tage für uns. Berlin ist ja bekanntlich nicht nur immer eine Reise wert, sondern man weiß auch sofort, wo man ist. Auf dem kurzen Weg mit der S-Bahn begegneten uns gleich zwei Herren, die es in dieser Penetranz wohl kaum im Rest der Republik gibt. »Guten Abend, meine Damen und Herren ... oder eine kleine Spende.« Willkommen in der Hauptstadt.

Den echten und berühmten Berliner Charme bekam ich dann schon am nächsten Morgen serviert. Als ich gerade das Hoftor (groß, schwer, mit Schwelle) aufschloss, kam eine Nachbarin, die ich nicht kannte, und quetschte sich wortlos durch die kleine Lücke zwischen Kinderwagen, meiner Wenigkeit und der offenen Tür hindurch. Während ich damit beschäftigt war, Mette und mich einigermaßen gefahrlos (eine Hand am Wagen, die andere an dem Tor) durch den sich bereits schließenden Spalt zu quetschen. Dann sah ich die Frau gerade noch durch die Haustür verschwinden, durch die wir ebenfalls mussten. Warum gibt es eigentlich so viele Türen, die entweder zu eng, zu schwer oder kaputt sind? Dieses weitere Hindernis meisternd und den Kinderwagen hoch tragend, traf ich sie jedenfalls wieder am ersten Treppenabsatz. Frau Nachbarin wollte gerade in ihre Wohnung, sah mich aber erst noch vorwurfsvoll an, schaute gleichzeitig auf einen zusammengeklappten Buggy, der dort lag, und bedachte mich gereizt mit der Frage: »Is det deiner?« Ich setzte an: »Nein, also …« Daraufhin schloss sich gleich die Wohnungstür. Liebe mir unbekannte Charmeurin: Ich hätte dir gerne erklärt, dass det der vom Scott seine Oma is, wa. Und ich den gerne wegräumen könne. Oh Berliner Herzlichkeit.

Aber jetzt kommt das Positivbeispiel. Eine Kollegin hatte mich gebeten, auf eine hiesige Pressekonferenz zu gehen, wenn ich sowieso in Berlin sei. Gesicht zeigen, Unterlagen einsammeln und Trends raushören. Also für mich auch eine gute Gelegenheit zum gesellschaftlichen Stimmungstest, denn natürlich musste Mette da mit. Mama war ja schließlich beruflich beschäftigt und der Gatte nur im Freizeit-Modus. Wie reagieren aber Veranstalter, wenn man(n) mit Baby auftaucht? Das war bereits Mettes zweite Pressekonferenz. Bei der ersten sind wir nach 20 Minuten rausgeflogen. War also weniger erfolgreich. Zu aller Ehrenrettung muss ich aber gestehen, dass wir sowieso gerade im Begriff waren zu gehen, weil Mette munter und fröhlich vor sich hin brabbelte, was zwar extrem entzückend, aber anlasstechnisch völlig unpassend war. Nun also ein zweiter Versuch. Bei der Berliner Presserunde habe ich versucht, Mette so zu kalibrieren, dass sie zu Beginn des Termins in Berlin-Mitte um 11.00 Uhr einschläft. Tram-Fahren, Flasche, bespaßen. Alles berechnet. Und siehe da, Einschlafzeit war zehn Uhr fünfundvierzig. Super!

Die Jungs und Mädels am Empfang waren ob des Kinderwagens zwar allesamt erstaunt, aber doch eher positiv überrascht. Eine hautnahere Verbindung zwischen Kind und Karriere hatte ich bisher allerdings auch kaum erlebt. Die Pressemeute traf sich leider im ersten Stock mit zu schmaler Treppe. Also musste ich Mette irgendwo parken. Rausnehmen aus dem Kinderwagen hätte ein Aufwachen bedeutet, und ich hatte mir doch solche Mühe gegeben. Sie fragten also zu Recht, was ich mit Mette während der Pressekonferenz gemacht habe. Jetzt habe ich mich selbst in die Bredouille geschrieben. Na gut. Alle pädagogisch sensiblen Eltern bitte weghören. Ich habe Mette an der Garderobe abgegeben.

Bevor Sie nun aber gleich den Kinderschutzbund, das Jugendamt und die Feuerwehr rufen, hätten Sie in die glänzenden Augen der Dame an der Garderobe blicken sollen. Die Sonne schien an einem schönen Frühlingstag auf den frischen Tau … und so weiter. Exakt 40 Minuten später kam dann besagte Frühlingsdame allerdings mit verzweifelter Miene in den Raum der Pressekonferenz, sah mich und formte lautlos mit den Lippen: »WICKELN!« Also war meine berufliche Zeit zu Ende, und die väterlichen Pflichten waren wieder gefragt. Eine Garderobenmarke bekam ich übrigens nicht. Muss ich noch mal nachhören, ob das rechtens war.

Klar ist in jedem Fall: Die individuelle Akzeptanz der Kombi Kind/Karriere ist existent, die Veranstalter haben jetzt eine Anekdote mehr zu erzählen, und meine Kollegin bekam die Unterlagen, die sie brauchte.

Zwischen Spielzeug, Brei und Wäschebergen

Den Spieltrieb ausleben

Wenn man nun nicht gerade sein Kind durch diverse Läden schiebt, den schlafenden Engel im Café sanft schaukelt oder gar eine berufliche Veranstaltung mit Kind besucht, kann man zu Hause mit dem kleinen Erdenbürger endlich mal so richtig seinen angeborenen Spieltrieb ausleben. Doch was bitte beinhaltet der in einschlägigen Ratgebern oft zu lesende Hinweis, man solle sich mit seinem Kind »intensiv beschäftigen«? Ultimative Tipps habe ich da leider auch nicht, denn jedes Kind hat tatsächlich völlig unterschiedliche Bedürfnisse. Sogar unter Geschwistern. Während bei Scott das Vorholen der Plastikbauklötze (gibt's für »bessere Eltern« auch in Holz) bereits reichte, um ihm die Langeweile auszutreiben, interessierte das die Mette nicht die Bohne. Unsere Jüngste ist dagegen oft mit ihrer Schnullerkette zu befriedigen. Sie kann sich eine gute halbe Stunde mit den drehbaren Holzperlen und -kreisen beschäftigen. Was allerdings IMMER funktioniert, ist das Kuckuck-Spiel. Augen des Säuglings, später seine eigenen, mit der Hand verdecken und beim feierlichen Wiedererblicken laut »Kuckuck« rufen. Klingt nicht gerade besonders innovativ, beruhigt aber jedes noch so schlecht gelaunte Kleinkind. Wenn dieses dann in der Lage ist zu laufen, kommt noch die

Zimmervariante dazu. Aus dem Zimmer raus, ins Zimmer rein, »Kuckuck«. Aus dem Zimmer raus, ins Zimmer rein … bis zum Abwinken. Ab einem gewissen Entwicklungsstand sind auch Memory-Karten zu empfehlen. In jedem Fall sollte es irgendetwas sein, das Ihr Kind umdrehen kann und bei dem es auf der Rückseite etwas anderes entdeckt als auf der Vorderseite. Die Karten können auch beliebig aneinandergereiht (Schlange bauen), gestapelt (Turm bauen) oder sortiert werden, nach welchen Kriterien auch immer.

Ich habe bei beiden Kindern außerdem die Erfahrung gemacht, dass Malen immer hoch im Kurs steht. Allerdings erfordert das eine gewisse Disziplin und Gelassenheit des Erziehungsberechtigten. Den Kleinen beizubringen, dass sie bitte ausschließlich auf das Papier malen sollen und nicht auf Tapete, Tisch oder Holzdielen, kostet viel, viel Zeit. Aber es bringt enorm viel Spaß. Drei kleine Tipps zur Eingrenzung der künstlerischen Tätigkeiten bzw. zur Schonung von lieb gewonnenen Wohnungseinrichtungsgegenständen: Wir haben immer sehr viel Papier ausgelegt. Dabei war mindestens die Hälfte des Spielzimmers bedeckt. Klugen Köpfen sei Dank, gibt es eine Art Radiergummi für Striche, Zeichnungen, Kunstwerke auf Tapeten. Diese Spezialschwämme gibt es in Drogeriemärkten für wenig Geld, und sie ersparten uns viel innerfamiliären Ärger. Und zu guter Letzt: die gute alte Wisch-und-weg-Tafel. Auf dieser lässt sich hervorragend »stricheln« und das Ganze innerhalb einer Sekunde wieder erneuern. Sobald die Kleinen das Prinzip erkannt haben, üben sie teilweise stundenlang. Ein großer Vorteil ist zudem, dass Ihr Spross lernt, nur auf der Tafel zu schreiben, also auf einem begrenzten Gebiet.

Jetzt vermissen Sie in meiner Aufzählung bestimmt die tollen Kinderspiele, die so bunt in sämtlichen Spielzeugläden ausliegen. Seien es Kartenspiele oder die ersten Brettspiele. Da fragen Sie besser meine Liebste. Mir sind solche Dinge viel zu langweilig. Schon als Kind fand ich die herkömmlichen Spiele extrem öde. Eine Ausnahme bildeten Halma und Dame, die ich beide mit meiner Oma spielte. Allerdings waren das Beschäftigungen, die mich Aufmerksamkeit lehren sollten. Meine Oma war nämlich die beste Schummlerin aller Zeiten, und man musste wirklich höllisch aufpassen, wenn man nicht gnadenlos verlieren wollte. Zur Ehrenrettung meiner geliebten Oma sei aber an dieser Stelle gesagt, dass sie mich pädagogisch korrekt auch öfter gewinnen ließ, ganz ohne Schummeln. Jedenfalls setze ich mich ungern mit meinen Kindern an den Tisch und spiele zum Beispiel »Mensch ärgere Dich nicht«. Mir ist es viel lieber, mit den Plüschtieren oder Playmobilfiguren eine Geschichte durchzuspielen. Für Scott habe ich dann schon mal eine Sitzung im Büro nachgespielt und diese ein wenig ausgeschmückt. Da wurde dann jemand aus der Personalabteilung von einem Plüschdrachen angegriffen oder der externe Berater von einer Riesenspinne gefressen. Oft hat Scott, zu meinem Leidwesen, auch den Pressesprecher in ein Burgverlies gesperrt. Das bringt mir jedenfalls eine Menge Spaß, und bei solchen Spielen ist es extrem einfach, auf seinen Spross spontan zu reagieren. So entwickeln sich gerne einmal Geschichten, die über eine Stunde durchgespielt werden wollen.

Wie die Anschaffung der Erstausstattung für das neue Familienmitglied ist auch Babyspielzeug für die Hersteller eine Lizenz zum Gelddrucken. Wie viel ich schon für absoluten Unfug und überflüssiges Zeug ausgegeben habe. Meine Güte. Da hätte ich locker auf die Harley-Davidson-Maschine sparen können, die ich mir irgendwann in der Midlifecrisis kaufen werde. Die Anzahl nicht benötigter Staubfänger geht schnell mal in Richtung Dreistelligkeit.

Offenbar ist das unvermeidbar, schenkt man anderen Eltern Glauben. Das rettet mich immer ein wenig. Denn es ist egal, ob Sie zuvor der ruhige, verständnisvolle Frauenversteher waren oder der gnadenlose Aufreißer-Macho, sobald IHR Kind da ist, entwickeln Sie sich zu einem außerordentlichen Vater-Tier. Bei mir kam der Wandel auch ganz abrupt. Während ich noch kurz vor der Geburt einen auf lässig machte und der festen Überzeugung war, dass ich sämtliche Neuanschaffungen auf rationaler Ebene begleiten würde, passierte es gleich in den ersten Tagen als frischgebackener Elternteil. Ich stand vor einem Regal im Supermarkt, in dem ein paar kleine Babyspielsachen feilgeboten wurden. Diese Ecke war mir zuvor gar nicht aufgefallen. Jetzt aber MUSSTE ich unbedingt etwas vom Einkauf mitbringen. Wohlgemerkt ging es nicht darum, ob mein Kleiner etwas brauchte, geschweige denn im zarten Alter von einer Woche überhaupt etwas damit anfangen konnte. Es ging einfach ums Kaufen. Man will ja nur das Beste für sein Kind, und sicher ist dieses kleine Holzauto mit Griff auch irgendwie für die Motorik gut. Vielleicht wird er ja mal Pianist, und ich habe die Grundlage der Fingerfertigkeit mit diesem Kauf gelegt. Große Hallen wird er füllen, immensen Ruhm erlangen und in Interviews sagen, dass SEIN Papa ihn schon gaaaanz früh gefördert habe ... Ja, das sind in etwa die Rechtfertigungsgedanken, die mir innerhalb weniger Sekunden in den Sinn kamen. Der Haken: Wir haben gar kein Klavier, und außer dass ich mal für die Bonner Beethovenfeste gearbeitet habe, beschränkt sich meine Erfahrung mit Musik auch eher auf meine Plattensammlung. Aber das ist in dem Moment einer bereits gefällten Kaufentscheidung ganz einfach völlig wursch.

Auch wenn es die meisten Eltern nur schwer zugeben können, erleben fast alle Situationen dieser Art. Das ist also normal und kein Grund für den sofortigen Besuch beim Psychoanalytiker. Um jetzt mal ganz unfair zu sein und beinahe oberlehrerhaft: Das legt sich ab Kind Nummer zwei. Erstens ist man dann schon ein wenig abgestumpft, pardon: abgebrühter, und zweitens sind die Staubfänger für Kind eins ja immer noch mindestens im Keller. Zum Wegschmeißen ist das ja alles viiieeeel zu schade. Jäger und Sammler eben.

Tatsache ist aber, dass sich Babys in den ersten acht Wochen noch nicht besonders für Spielsachen interessieren. Sie erkennen nämlich noch kaum Farben und Formen. Und greifen können die verschlafenen Paketchen erst recht noch nichts. Sinnvoll sind Mobiles, die über dem Wickeltisch angebracht werden können. Einige schwören auch auf das Installieren über dem Bett oder der Wiege. Ich persönlich halte davon nicht viel, da die Babys nur abgelenkt werden und das Bett doch eigentlich zum Schlafen da ist. Eingeschlafen sind unsere beiden immer, auch ohne Firlefanz im Bett. Manchmal besser und manchmal schlechter.

Was sich bei uns allerdings wirklich als gute Anschaffung herausgestellt hat, war der sogenannte Babytrainer, der mit unterschiedlichen Gegenständen behängt ist und so für die notwendige Abwechslung sorgt. Im Prinzip ist das nur eine Holzstange, die an einem anderen Holzgestänge hängt. Eine prima Sache, wenn man mal in Ruhe die Spülmaschine ausräumen will oder mal aufs Klo geht. Die Kleinen werden einfach auf eine Decke gelegt und der Babytrainer darüber platziert. Da sich die Entwicklung der Motorik von »völlig unzureichend« bis »unfassbar fix« innerhalb weniger Wochen abspielt, ist ein höhenverstellbares Modell von großem Vorteil.

Da ich es gerade erwähnte, hier noch eine kleine Anmerkung zu Babydecken: Die gibt es in solch einer Vielfalt, die einen Mann mal wieder in die Verzweiflung treiben kann. Da werden Spieldecken, Krabbeldecken, Babyteppiche und sogar Wasser-Spielmatten angeboten. Ich dachte immer, dass Decken vor allem dazu da sind, die Babys nicht direkt auf dem Fußboden abzusetzen, sondern ihnen einen warmen Untersatz zu bieten. Weit gefehlt und doch recht nah dran, denn im Endeffekt erfüllen alle Produkte genau letztgenannten Effekt, aber eben teilweise mit Zusatznutzen (laut Hersteller). Einer meiner Lieblinge ist »Ferien auf dem Bauernhof«, entdeckt im Jako-O-Katalog. Das ist eine Spieldecke, bei deren Produktbeschreibung es heißt: »Hier gibt es viel zu tun: Hup-Trecker fahren, Möhren ›ernten‹, Mühlrad drehen, Schaf auf die Weide bringen, Sonne streicheln, Scheunendach durchstöbern ...« und so weiter. Falls Sie es vergessen haben, wir reden immer noch von einer Decke, 85 x 85 cm aus 80 % Polyester für 49,95 Euro, nicht von einem Bauernhofurlaub. An solche Produktbeschreibungen müssen Sie sich gewöhnen. Marketing-Interessierten sei gesagt, die Texte sind eben sehr zielgruppengenau geschrieben; für Frauen bzw. Mütter, die mehr als 90 Prozent solcher Katalogeinkäufe tätigen. Ich habe jedenfalls immer viel Spaß beim Lesen. Sowohl Mette als auch Scott haben ihre ersten Monate im Übrigen auf einer »normalen« Decke verbracht, und ich konnte bis jetzt keine bleibenden Schäden feststellen.

Was die Spielsachen angeht, kann ich überhaupt keine Tipps geben. Erstens, weil Sie diese ja sowieso im Impuls kaufen werden, und zweitens bekommt man auch noch so viel geschenkt, auf das man keinen Einfluss hat. Sehr zu unser aller Bedauern schenkte meine Schwägerin Scott zu Weihnachten ein kleines Musikset. Bestehend aus zwei Rasseln, einem Tamburin und einer Trommel. So etwas verschenken eigentlich nur Menschen, die die Eltern nicht leiden können oder, sagen wir mal, etwas naiv sind und glauben, dass Kleinkinder ein Interesse an der Einhaltung eines erträglichen Rhythmus oder einer Melodie hätten. Zur Richtigstellung sei gesagt, dass meine Schwägerin Schauspielerin ist und künstlerische Freiheiten genießt. Ich mag sie also trotzdem noch. Die Rasseln wurden mit absoluter Selbstverständlichkeit gegen Tisch und Stuhl gehauen – in hoher Frequenz und stundenlang. Leider waren die Teile auch noch besonders stabil und halten bis heute auch den musikalischen Erst-Versuchen von Mette stand. Bei Kleinkindern gilt offenbar generell: Hauptsache laut. Musikalische Früherziehung ist also nur etwas für abgehärtete Eltern mit sehr toleranten Nachbarn.

Die Gretchenfrage, ob Plastik oder Holz, lässt sich nicht so einfach beantworten. Ob es nun der Holz-Babygreifling mit Bernstein sein soll oder der Fühl- und Geräuschball aus Hartplastik, muss jeder wohl selbst wissen. Die Dinge, die ein Baby in seinem ersten Jahr tatsächlich benutzt, lassen sich jedenfalls an einer Hand abzählen. Bei Mette waren das ihre Schnullerkette, der Babytrainer, Greif- und Beißringe und eine leise (!) Stoffrassel. Mit großer Frustration habe ich festgestellt, welchen Spaß Mette mit einem Gratis-Plastiklöffel hatte und dass sie mein teuer erkauftes Spielzeug dafür links liegen ließ. Kinder machen einfach, was sie wollen.

Je größer die Kleinen werden, desto ausgeprägter wird dann auch ihr Geschmack. Scott zum Beispiel hat sich ohne unser Zutun schon sehr früh für eine Piratenkarriere entschieden. Sein halbes Zimmer hing voll mit schwarzen Flaggen und Totenköpfen, kombiniert mit Krummsäbeln und sämtlichem Kram, auf dem irgendetwas Piratenmäßiges gedruckt oder gestickt war. Und zwar bevor er der Sprache in vollständigen Sätzen mächtig war. Ein sehr heftiges Ziehen und Zerren mit einem entschiedenen »Äh, äh, ääähhh!« folgte jedem Erhaschen eines Gegenstands mit Säbel oder Totenkopf drauf. Und da gibt es einiges an »kindgerechten« Piratengegenständen, also Schreibwerkzeug, Taschen jeglicher Art, Brotdosen, Kleidung und und und. Das ist fast schlimmer als Merchandise-Artikel von Take That. Da sind die Quengelartikel beim Lebensmitteleinkauf ein Dreck gegen. Mette hingegen ging (oder wackelte) mit anderthalb Jahren dafür regelmäßig zu allem, was glitzerte. Das ist offenbar etwas Genetisches. Solln se halt. Die Gender-Problematik kommt noch früh genug.

Das einzige »Spielzeug«, das wirklich noch von Bedeutung ist im ersten Lebensjahr, ist das Kinderbettchen. Für die Eltern wohlgemerkt. Was da alles in deutschen Kinderzimmern herumsteht, ist wirklich eine Augenweide. Oder eben nicht. Da gibt es zum Beispiel »kuschelige Nestchen mit Himmel«, freilich sündhaft teuer. Aber wer achtet schon auf den Preis, wenn man für den Nachwuchs den Himmel erwirbt. Letzteres ist meist einfach nur ein Tuch an einer Stange, die über dem eigentlichen Schlafplatz hängt. Zugegeben ist das Ganze ziemlich süß, in meinen Augen aber auch unpraktisch, da diese Vorhänge ja auch irgendwie zur Seite müssen, wenn man sein Baby herausholt oder hineinlegt. Ich für meinen Teil mache schon für die Kinder mehr Handgriffe, als mir lieb ist. Und da sehe ich ein gewisses Sparpotenzial. Oft genug werden dem armen Kind auch noch Dutzende Stofftiere von Opa Karl, Oma Hilde oder Großtante Marlene ins Bett gelegt, die anfangs meist die Größe des eigenen Nachwuchses übersteigen. Wichtig ist aber doch, dass Babys generell nicht zu stark zugeparkt werden, denn die Luft muss auch noch zirkulieren können. Und wenn sich die Kleinen erst einmal bewegen können, landen sie im Schlaf nicht selten unter dem Berg der Kuschelmonster, atmen im Zweifel noch irgendwelche Haare des dritten Teddys von links ein und husten sich die kleine Lunge aus dem Leib. Entsprechend sollten auch Eltern ihren Spieltrieb zügeln.

Das Einzige, was Mette und Scott in ihrem Bettchen hatten, war ihr Teddy und eine Spieluhr, die aufgehängt an einer Seite auch nicht stört. Den obligatorischen Teddy bekam mein Erstgeborener übrigens geschenkt. Und zwar zweimal haargenau den gleichen. Das war für uns Eltern ganz praktisch. Falls wir also einmal aus Versehen den Teddy verlieren sollten, haben wir noch Ersatz. Das ist natürlich eine Illusion. Denn der eigene Teddy sieht vielleicht genauso aus wie das Double, ist aber nach einer Woche schon so individuell zerknautscht und geruchsintensiv, dass der Schwindel selbst einem Baby auffallen würde. Scottis Teddy ist aber glücklicherweise nicht abhandengekommen und so hat er den Doppelgänger (von den blöden Eltern schlecht versteckt) Mette zur Geburt geschenkt. Ein traumhafter Start einer hoffentlich langfristigen Geschwisterliebe. Eine der ersten Worte von Mette war entsprechend der Name ihres heiß geliebten Bruders: »Gotti«!

Babybrei als Glaubensfrage

Vor und nach dem Spielen müssen die lieben Kleinen natürlich auch ab und zu etwas zwischen die Kiemen bekommen. Nur was? Fragen sich zumindest die Papas nach der doch für sie so schön bequemen Stillphase. Neue Phase, neuer Informationsbedarf also. Und wo gibt es Infos in Hülle und Fülle? Klar, da muss sich stundenlang zur Recherche vor den PC gehockt werden. Neben dem unbestreitbaren Spaß, den man im Internet zum Beispiel beim Betrachten diverser

Fußballvideos auf youtube und Co. haben kann, bieten spezielle Foren unter anderem auch einen furiosen Fundus für Recherchen in puncto Baby-Brei, Beikost oder Zufüttern. Es scheiden sich ja die Geister. Web 2.0 – Segen oder Fluch? In der *Süddeutschen Zeitung* (ja, in der Elternzeit lässt sich dieses Papiermonstrum bewältigen) stand einmal: »Das Internet verkommt zu einem Debattierklub von Anonymen, Ahnungslosen und Denunzianten.« Was wiederum nicht wenige Eingefleischte mit gegensätzlicher Auffassung auf die Palme trieb. Die Fülle an überflüssiger, häufig auch falscher Information bzw. das auszumachende Geltungsbedürfnis selbst ernannter Alleskönner erinnern mich oft stark an die mittäglichen »Talk-Shows« aus den 90ern. Motto: Ich kann zwar nix, will das aber vor der Kamera mitteilen … Was ist nur aus dem guten alten Grundsatz geworden, einfach mal die Klappe zu halten, wenn man keine Ahnung hat? Das sollte für alle Medien gelten.

Die Internetforen zum Thema Beikost sind indes eine wahre Fundgrube an großartigen Erkenntnissen: Da schreibt eine 29-Jährige aus der Nähe von Hannover, dass es für ihren »Zwerg ein Erlebnis ist, etwas mit dem Löffel zu essen«. Die zweifache Mutter Sandra hingegen fragt sich, warum nicht besser den Brei aus der Flasche trinken: »Bloß weil Mütter tausend Jahre lang eine Sauerei mit dem Löffel veranstaltet haben, muss das immer so sein?« Die Baby-Betreuung sei ja nun schon anstrengend genug, ohne mehrmals täglich die Küche zu wischen. Ins gleiche Horn bläst »Temptress«: Ein Baby sei immer noch ein Säugling, kein Löffeling. Dann gibt es noch eine Reihe anonymer Tipps, wie immer etwas mitzuessen, am besten dasselbe wie das Baby. Mein klares Igitt dagegen, zumindest was die fleischhaltigen Pürees angeht. Oder der grandiose Vorschlag, statt des Löffels lieber eine Einwegspritze für die Brei-Verabreichung zu verwenden. Ein schöner Vorschlag zur Küchenhygiene, aber die Kosten für die Psychotherapie zwanzig Jahre später übernimmt keine Kasse. Vielleicht noch ein Beispiel, das zum ernährungsphysiologischen Augenrollen anregt? Bitte: Die Mutter einer neun Monate alten Tochter frohlockt in einem Forum: »Endlich nimmt sie den Fruchtzwerg mit dem Löffel.« Liebe Mutter, ich hoffe, dass aus Ihrem kleinen Fruchtzwerg kein großer Dickzwerg wird. Fruchtzucker ist nämlich AUCH Zucker, egal, was die Werbung daraus macht!

Aber nun mal weg von der Theorie und rein in die Praxis. Mette und ich hatten uns der Herausforderung des Mittags- und Nachmittagsbreis gestellt. Und größtenteils klappte das auch ganz prima. Ob das die Routine (respektive die Gelassenheit) eines Papas ist, der das schon beim ersten Kind miterlebt hat, oder tatsächlich geschlechtsspezifische Unterschiede existieren, kann ich nicht abschließend beurteilen. Tatsache ist in jedem Fall, dass wir nach Scotts ersten Essversuchen eine Wand in der Küche neu streichen mussten. Orange-Braun-Töne sind seit den späten Siebzigern ja nicht mehr so in. Zumal es sich lediglich um eine überschaubare Fläche in Brusthöhe handelte. Mette hingegen beschränkte sich auf regionales Ausspucken des Breis in kräftigem Orange. Das entband mich allerdings leider nicht von der Aufgabe, nahrungsspezifische Kleidung zu tragen.

Ich habe zwei Fragen: Warum müssen sich Babys immer zum Zeitpunkt der maximalen Verschmiertheit völlig unerwartet in Richtung Pulli/Hemd drehen? So ein Kindskopf macht anscheinend, was er will. Das Ganze läuft oftmals nach einem sehr raffinierten Drehbuch ab: Am Anfang isst Mette noch ganz harmlos und klimpert unschuldig mit ihren Riesenaugen. Just in dem Moment, in dem man dabei ist, den bereitgehaltenen Lappen wegzulegen, kommt es zu einer blitzschnellen Reaktion in Richtung Wand oder Papa mit anschließendem »Pppppllllllllllbbbbhhh«. Was ist in den gekauften Gläschen drin, dass dieses Orange sich quasi in die Kleidung frisst? Kein Scherz, ich liebäugelte lange mit der Anschaffung eines Blaumanns für die Mittagsmahlzeit.

Selbstverständlich sollten die Kleinen auch irgendwann mal lernen, mit dem Löffel selbstständig umzugehen, und je früher man damit anfängt, desto schneller kann sich der Rest der Familie wieder in Ausgehkleidung an den Esstisch wagen. Ich habe die Erfahrung gemacht, dass unsere Kinder sich völlig problemlos füttern ließen, wenn ich ihnen die ersten Minuten einen eigenen Löffel in die Hand gab. Das führte zwar zu erheblichen Sauereien, aber dafür aßen dann beide anstandslos ihre Mahlzeit, bis sie satt waren.

Auch für bzw. gegen die Flecken habe ich dann noch im Internet was Passendes gefunden: Frische Karottenflecken gleich in Seifenlauge einweichen, dann normal waschen und wenn möglich in der Sonne trocknen lassen (UV-Strahlung bleicht aus). Um die Farbgebung auf Tapeten und die Nerven zu schonen, ist als Alternative zu den Karotten der Pastinakenbrei zu empfehlen. Der schmeckt (mir) zwar furchtbar, ist aber milchig-weiß. Zusätzlich fand ich in Internet-Foren noch so schöne Tipps, wie im Sommer im Freien zu essen und dann alles mit dem Gartenschlauch abzuspritzen. Toll!

Wenn die Zeit der Zufütterung beginnt, stellt sich jedem Elternpaar die ethisch-moralische Frage: Gläschen kaufen oder selber kochen? Wieder so ein Dilemma, an dem sich Eltern, Gelehrte, Industrie und der gesunde Menschenverstand die Zähne ausbeißen. Ich habe mir selbst nicht vorstellen können, in welcher Zwickmühle ich stecken würde nach der so bequemen Zeit des Stillens bzw. Fläschchengebens. Das Stillen hat ja den grandiosen Vorteil, dass man im günstigsten Fall immer so viel Nahrung hat, wie das

Baby braucht. Als Frau ist man zudem noch unabhängig von Ort und Zeit, da man die Nahrungsquelle immer dabeihat oder sie eigentlich selbst ist. Ich weiß, das klingt jetzt wieder nicht sexy, ist aber nun mal eine Tatsache. Und diese Tatsache ist extrem bequem. Vor allem für den in dieser Hinsicht völlig nutzlosen Papa. Das ändert sich aber dummerweise. Irgendwann müssen die Windelpupser eben etwas anderes zu sich nehmen, und der Kampf mit Löffel, Wischtuch, Tapete und der eigenen Moral beginnt.

Bei keinem anderen Thema lässt sich der Vorsatz »Ich will nur das Beste für mein Kind« eindrucksvoller verfolgen als bei der täglichen Nahrungsaufnahme. Das liegt vor allem an der ständigen Konfrontation mit der Notwendigkeit des Essens. Vor zwanzig, dreißig Jahren hat sich die Frage Gläschen oder Kochen noch gar nicht gestellt. Die industrielle Serienfertigung von Babybreien steckte noch (passenderweise) in den Kinderschuhen. Doch die zunehmende Kochmüdigkeit meiner Generation brachte ein eigenartiges Phänomen hervor: Zwar hat uns der mediale Hype ums Kochen fest im Griff, man denke nur an die inflationäre Zunahme von Kochshows im Fernsehen, gleichzeitig jedoch ist der Griff zum Fertigessen für uns eine Selbstverständlichkeit geworden. Da kann sich schnell das schlechte Gewissen einstellen, wenn man mal wieder zu faul zum Kochen war – vor allem wenn es um die Versorgung der lieben Kleinen geht.

Als diplomierter Ernährungswissenschaftler war ich in meiner ersten Elternzeit mit Scott natürlich an der Ehre gepackt, selbst in der Küche zu stehen, als die erste Mahlzeit anstand. Wir wohnten zu dieser Zeit in Berlin-Mitte. Das ist keine Rechtfertigung, sondern nur ein Hinweis darauf, dass ich es nicht weit hatte zum nächsten Biomarkt. Die Ausreden »Rohstoffknappheit« und »schwierige Beschaffungslogistik« hatte ich also nicht. Und ich war auch voller

Elan. Damals. Ich erinnere mich noch sehr gut an den Einkauf von Karotten und Pürierstab. Das war auch noch kein großes Ding. Trotz des Akademikerstatus war ich durchaus in der Lage, das Wurzelgemüse nicht nur theoretisch in seine Inhaltsstoffe zu zerlegen, sondern eben auch zuzubereiten. Das ist aber noch nicht das, was landläufig unter »Kochen« verstanden wird. Schwieriger wurde es dann nach ein paar Wochen, als der »Fleischbrei« anstand. Mit Scott im Kinderwagen stolperte ich also über den Wochenmarkt am Kollwitzplatz, kaufte Spinat und sah mich nach einem Metzger um. Das Bio-Rind war dort zwar schweineteuer, aber es sollte natürlich nur das Beste sein. Zu Hause fing ich dann gleich an, das Fleisch zu kochen, den Spinat zu putzen etc. Ich will Sie ja nicht zu sehr langweilen, daher kürze ich ab. Falls Sie mehr erfahren wollen, schalten Sie einfach zu einer beliebigen Zeit den Fernseher ein … Das Fleisch war irgendwann also gar und roch, wie eben gekochtes Rindfleisch riecht. Nicht angenehm. Ich gehöre eher zu der Fraktion, die so ein Stück Rind auf den Grill donnert und fertig. Während das Pürieren des Spinats noch recht glattlief, obwohl die Stiele doch hartnäckiger als gewünscht waren, sah das beim Fleisch schon ganz anders aus. Da reichte kein Pürierstab. Was wir da brauchten, war »mehr Power!«. Der Mixer musste her. Fleisch kleiner schneiden, rein in den Mixer, Deckel drauf und volle Stufe. Was dabei farblich herauskommt, ist ein tief deprimierendes Grau-Braun. Die Konsistenz erinnert an den ersten »Breistuhl« des zu Fütternden. Der Geruch ist atemberaubend und geht ebenfalls in Richtung abgesonderte Körperinhalte der unschönen Art. Zusammengemixt mit dem Spinat ergibt das eine Substanz, die mich an Spaziergänge auf Kuhwiesen erinnert. Das Zeug will nun portioniert werden, noch ein Löffelchen Öl hinein und dann ab auf den Kinderteller.

Während man selbst also jeglichen Hunger oder auch nur Appetit beim Zubereiten für immer verloren hat, kommt jetzt erst der schlimme Teil. Schauspielern. Ich schwöre, dass man auch nicht einen halben Löffel in seinen Nachwuchs hineinbekommt, sobald dieser spitzkriegt, dass sich Papa vor dieser Masse ekelt. Mit verzerrtem Gesicht lässt sich nichts gewinnen. Allein der pure Gedanke an ein Löffelchen, das man selbst essen müsste, darf Ihnen keine einzige Schweißperle auf die Stirn zaubern. Die Kleinen merken das und verweigern sich sofort jeglichen Fütterungsversuchen.

Klar habe ich das noch ein paar Mal versucht, weil ich mir selbst nicht eingestehen wollte, dass ich mich vor ungewürzten, pürierten Breien ekelte. Ganz ehrlich aber habe ich es nach gut vier Wochen aufgegeben. Diese Schmach, vernichtende Niederlage, Bankrotterklärung habe ich lange Zeit nicht zugeben können. Jetzt oute ich mich nach der Elternzeit mit Mette: Gläschen finde ich eine prima Sache. Natürlich schmeckt der Kram genauso schlecht wie Selbstgemachtes und riechen tut er auch nicht besser. Aber wenigstens muss ich weder das Fleisch selbst pürieren noch den Mixer danach sauber machen. Allein der Glascontainer begrüßt mich schon namentlich bei der wöchentlichen Entsorgung der Verpackungen.

Schlafen wie ein Baby

Ich hatte es bereits erwähnt: Schlafen ist Luxus! Diese Tatsache kinderlosen Menschen begreiflich zu machen ist ein absolut hoffnungsloses Unterfangen. Und wenn wir ganz ehrlich sind, kann es uns Elternteilen auch komplett egal sein, dass der Horizont der ehemaligen Freunde an diesem Punkt aufhört. Sollen sie doch weiter bis in die Puppen schlafen, sich das erste Mal um 11 Uhr im Bett umdrehen, bis um 12 Uhr Serienwiederholungen auf RTL schauen und sich ab 13 Uhr dem Thema Frühstück widmen. Das klingt nach Neid. Ist es auch, aber dafür ist es ganz, ganz bewusster Neid.

Der elterliche Biorhythmus tickt einfach anders. Kann man in den ersten Monaten des neuen Lebens einmal mehr als vier Stunden Schlaf am Stück genießen, ist man so voller Glückseligkeit oder Zen-buddhistischen Lichtes, dass es einem vorkommt, als wäre man gerade Sieger von » Deutschland sucht den Superschläfer« geworden. Die Natur hat das auch ganz gut gemacht. Ab dem Zeitpunkt der Geburt des Babys ist man extrem stark mit Hormonen vollgepumpt. Da freut Mann sich sogar, fünfmal pro Nacht dieses winzige Paket Glück in den Armen zu halten … und meistens gleich der Mutter weiterzureichen. Aus rein praktischen Gründen versteht sich.

Das Problem ist nur, dass die Auswirkungen dieser den Körper ruinierenden Rituale sehr bald und sehr stark zu spüren und zu sehen sind. Es ist ja nicht nur das laute Quengeln, das einen mitten in der Nacht in die Senkrechte bringt. Der innere erhobene Zeigefinger reagiert auch bei jedem leisen Hüsteln, Glucksen oder Rascheln. Wo dieser böse Finger auf einmal herkam, habe ich nie herausfinden können. Er war einen Tag nach Scotts Geburt einfach da. Ohne Vorwarnung oder Gebrauchsanweisung. Mein Gehör ist ja nicht von heute auf morgen sprunghaft mutiert. Ist wahrscheinlich ein Instinkt. Vielen Dank, liebe Evolution.

Wer sich jedenfalls den wochenlangen nächtlichen Wechsel zwischen Dösen – Aufwachen – Horchen – Dösen auch nur annähernd vorstellen kann, der weiß, warum der Schlafentzug bei Gefangenen auf der roten Liste von *amnesty international* steht. Dummerweise sind mir keine Blauhelmeinsätze in elterlichen Schlafzimmern bekannt. Von dieser Seite gibt es also keine Hilfe. Letztendlich werden aus frischgebackenen und immerzu lächelnden Eltern langsam, aber stetig wandelnde Untote, die nur noch eingeschränkt zur Kommunikation fähig sind. Ich hatte in dieser Zeit bei der Arbeit schwer zu kämpfen und war oft gereizt. Ich kam in meinem Job als Pressemensch besonders schlecht weg, weil eine Kommunikationsverweigerung einfach nicht infrage kam. Das war keine leichte Zeit, vor allem für meine Kollegen …

Die Tatsache der zeitweisen Verzweiflung junger Paare mit Windelneuling hat sich natürlich auch bei einschlägigen Fachverlagen herumgesprochen. Aus lauter Not greifen die ermüdeten Eltern bedingungslos zu allen Hilfsmitteln. »Jedes Kind kann schlafen lernen« ist der berühmteste Bestseller in diesem Segment. Zermürbt und ausgelaugt steht irgendwann jeder mit diesem oder ähnlichem Titel an der Kasse einer Buchhandlung. Dummerweise muss man das Buch dann auch noch lesen, und manchmal sind das enorme Schinken über 200 Seiten. Das ist bei der akuten Müdigkeit gleich dreimal so schwer. Zusätzlich bekommt man zum Thema »Schlafen« von allen Seiten noch ungemein viele ungefragte Tipps. Vor allem von Menschen, die einen auch ohne diese tiefen Augenringe kennen. Sollte man also doch einen Kurs bei der VHS, dem örtlichen Hebammenladen oder im Geburtshaus besuchen? Aber dann müsste man ja raus und dazu noch REDEN übers Schlafen. Nee, nee, nee. Dann doch lieber ein Buch, das Besserung oder zumindest Linderung der Pein in den eigenen vier Wänden verspricht.

Das ist nun eine gute Gelegenheit, allen Anbietern das lukrative Geschäft mit den Leidenden zu verderben. Fakt 1: das Durchschlafen klappt in den allermeisten Fällen frühes-

143

tens nach sechs Monaten. Fakt 2: Es ist ganz einfach.

Kind in die Wiege legen (und immer dabei reden)

Rausgehen

Kind weint (Normalfall)

Nach einer Minute an die Wiege treten und reden. Dabei ist es egal, was Sie sagen. Von »Alles gut« über »Ich/Wir bin/sind ja da« bis zu Zitaten aus dem Geschäftsbericht von 2008. Ihre Stimme wirkt beruhigend!

Rausgehen

Kind weint (immer noch völlig normal)

Nach zwei Minuten an die Wiege treten und reden

usw.

Den Abstand zwischen den »Besuchen« immer weiter erhöhen (bis zur eigenen Schmerzgrenze), sich nicht aus der Ruhe bringen lassen, mit dem Ergebnis: Das Baby schläft. Das klingt zwar relativ einfach, ist aber offenbar vor allem für Mütter eine Qual. Man lässt doch dieses hilflose Familienmitglied mit Knopfaugen nicht schreien oder weinen ... Und dann kommt meist das Unvermeidliche. Mama geht an die Wiege und nimmt das Kleine auf den Arm. Wenn Sie das machen, haben Sie zwar das Kind kurzfristig beruhigt, sich selbst und Ihrem Mann aber damit einen Bärendienst erwiesen. Die Folge ist, dass das Baby nachts umso mehr schreit, wenn es nicht auf den Arm genommen wird. Kinder sind Gewohnheitsmenschen. Papa muss also versuchen zu intervenieren. Das wiederum führt in der Regel zu zwei Varianten. Entweder kommt es zum Streit, weil der herzlose Vater die Mutter zurückhält. Oder eben geschlechterspezifisch: Mutter setzt sich durch, Vater geht schmollend weg.

Wenn man jedoch wirklich einmal wieder einigermaßen durchschlafen möchte, ist man mit der oben beschriebenen Methode sehr gut bedient. Wir mussten dieses Ritual bei beiden Kindern nur jeweils zwei Nächte durchziehen, und das Thema war gegessen. Und ein gesunder Schlaf belebt auch wieder das Miteinander in der Beziehung. Uneingeschränkt empfehlenswert!

Krankheiten als zeitfüllendes Hobby

Kein Mensch macht sich so viel Sorgen um die Gesundheit wie Eltern. Und dabei geht es überhaupt nicht um das eigene Befinden, sondern ausschließlich um das des Kindes. Generell wird mit der Geburt ein höherer Sollansatz an Sorgenpotenzial mitgeliefert. Das beginnt natürlich schon in der Schwangerschaft. Ist die Kopfgröße in der Norm? Liegt es richtig herum? Ist der Herzschlag in Ordnung? Und und und. Die kommende hypochondriale Phase fürs Kind wird also schon beim Frauenarzt eingeläutet. Die Gedanken kreisen einzig und alleine um die Gesundheit des noch ungeborenen Kindes. Ich habe mich dabei erwischt, wie ich dachte, wenn unser Baby erst mal auf der Welt ist, wird alles besser. Auch auf die Gefahr hin, dass ich mich wiederhole: Pustekuchen. Nix is mit heile Welt und Sonnenschein. Klar ist die Erleichterung nach der Geburt groß, wenn man ein kleines gesundes Bündel Mensch in den Armen hält, es selbstständig atmet und alle erkennbaren Körperteile am richtigen Platz sind. Aber die latente Sorge, dass irgendetwas passieren könnte oder etwas nicht so ist, wie es sein sollte, bleibt von nun an im Hinterkopf. Das scheint eine Art spontaner Synapsenverknüpfung zu sein, die es sich in einem abgelegenen Teil des Gehirns auf einem Ohrensessel gemütlich gemacht hat und die feist schmauchend die nächsten Jahre dort verharrt.

Dieser spontan und hartnäckig auftretende Parasit verleitet einen zu teils völlig absurden Reaktionen. Ein Beispiel. Ich lief mit Scott im Tragetuch mit stolzgeschwellter Brust etwa zwei Wochen nach seiner Geburt in der Stadt herum. Es war Anfang November und entsprechend kalt und ungemütlich. So war nicht nur Scott bis zur Halskrause eingepackt, sondern auch sein Papa. Mitten in der Fußgängerzone vor einem Buchladen traf mich dann ein innerlicher Blitz. Die Sorgen-Synapsen schlugen unvermittelt zu, und ich hatte nur einen Gedanken im Kopf: Scott atmet nicht mehr. Das Wort Panik beschreibt diesen Moment nicht einmal annähernd. Ich beugte mich also vor und fühlte seine Brust, die sich (natürlich) ganz regelmäßig und normal hob und senkte. Er war eben nur eingeschlafen. Ähnliche Attacken verfolgten mich manchmal auch mitten in der Nacht, sodass ich aufstand und nach dem Kleinen sah, der immer völlig friedlich in der Wiege schlummerte. »The Return of the Sorgen-Synapse« hat nach einigen Jahren mit Kindern etwa 500 Folgen.

Dabei ist das plötzliche Aufwachen um zwei Uhr morgens völlig normal bei frischen Eltern. Auslöser ist meist nur ein leises Rascheln im »Ohrenwinkel«, weil sich das Baby gerade einmal im Bett gestreckt hat. Hier also bitte keine Panik aufkommen lassen. Die Zeit für Psychosen kommt erst noch. Kleinkinder oder Säuglinge neigen nämlich in Bezug auf Krankheiten zu Extremen. Die werden nicht einfach nur ein bisschen krank und sitzen das aus. Scott zum Beispiel bekam immer sehr schnell sehr hohes Fieber. Diese Tatsache ist einfach den kleinen Körpern geschuldet. Wenn sie sich was eingefangen haben, dann breitet sich die Immunabwehr in Windeseile aus. Während unsereins sich noch halb krank ins Büro schleppt (wegen DER wichtigen Sitzung; diese Prioritäten verschwinden allmählich im Elterndasein), ist das bei den lieben Kleinen völlig ausgeschlossen. Bei Scott lagen oftmals zwischen »erhöhter Temperatur«

und »kurz vor dem Garkochen« nur wenige Stunden. Ein Fieberthermometer ist daher essenziell. Bei sehr hohem Fieber schafft das alleinige Fiebermessen allerdings keine Abhilfe, da muss vielmehr ein guter Kinderarzt her, UND man sollte immer die Nummer der nächstgelegenen Kinderklinik parat haben. Denn Scott war mit einer beängstigenden Regelmäßigkeit immer an Wochenenden krank. Die Warterei an einem Sonntagmorgen in der Notaufnahme ist übrigens auch nicht gerade toll für das elterliche Nervenkostüm. Meistens habe ich das Behüten dann übernommen, weil ich in solchen Situationen mit Ruhe reagiere. Nicht weil ich so ein großartiger, ausgeglichener Mensch bin, sondern aus purem Trotz. Was nutzt es schließlich schon, immer nervöser zu werden, wenn man an der Situation sowieso nichts ändern kann?

Ein Gutes hatte das Ganze aber für mich. Ich habe meine männlich angeborene Jammermentalität bei eigenen Wehwehchen (fast) völlig abgelegt.

Aber Fieber ist dummerweise nur die Spitze des Eisbergs. Scott hatte im Alter von zwei Jahren einen sogenannten Pseudo-Krupp-Anfall. Das ist eine Art Reizhusten der widerlichen Art. Der Husten klingt nämlich so wie bei einem sehr alten, sehr kranken Hund. Eher eine Art lautes Röcheln mit dem Effekt, dass der Betroffene kaum noch Luft bekommt. Panikalarm also. Glücklicherweise ist die Diagnose recht einfach, und Abhilfe schafft zunächst einmal kühle feuchte Luft (Balkon) und beruhigendes Mitatmen. Außerdem gibt es dafür Notfallzäpfchen, die wir seitdem immer im Kühlschrank haben. Apropos Medikamente. Es ist kaum zu glauben, wie der Vorrat an Tabletten, Zäpfchen, Salben oder Säften zunimmt, wenn man Nachwuchs im Haus hat. Für zwei Kinder haben wir inzwischen mehr Medikamente im abgeschlossenen Badschrank als für Mama und Papa zusammen.

Besonders schwierig sind aber Krankenhausaufenthalte mit Kindern. Deren drei haben wir leider schon hinter uns. Scott und Mette hatten je einmal eine ausgewachsene Lungenentzündung, die nur noch stationär behandelt werden konnte. Wenn Sie zu der Spezies Mensch gehören, die alleine beim Gedanken an ein Krankenhaus zu schaudern beginnt, wird das kein Vergnügen. Ich bin leider selbst ein anonymer Krankenhaus-Fürchter. Allein der Geruch nach Krankheit macht mich halb wahnsinnig. Natürlich riecht es in den hellen, neonbeleuchteten Fluren mehr nach Desinfektions- und Putzmittel, aber das interessiert mein Abneigungs-Gen nicht die Bohne. In fast allen Fällen der stationären Aufnahme in die Kinderabteilung bekommen die Kleinen erst einmal einen Zugang gelegt. Sprich: in die süße, kleine Kinderhand wird eine unfassbar große, spitze Nadel gebohrt. Oft werden nämlich auch in Verdachtsfällen zunächst ein Antibiotikum und eine Nährstofflösung gegeben. Ersteres, weil man bei Säuglingen und Kleinkindern keine Zeit verlieren kann, und das Zweitgenannte, damit der kleine Körper nicht austrocknet. Klingt alles logisch, aber dieses Zugang-Legen ist für alle Beteiligten ohne weißen Kittel der Horror schlechthin. Das ist ungewohnt, tut weh, und der Sinn bleibt dem kleinen Bündel Elend auf der Liege auch völlig schleierhaft. Das Ergebnis ist meist ein herzerweichendes Brüllen, das sich mir bei unseren drei Aufenthalten unweigerlich ins Hirn brannte.

Mette war mit 13 Monaten das erste Mal mit einer Blasenentzündung in der Kinderklinik. Völlig verkabelt mit Tropf an der einen und Herzfrequenzmesser an der anderen Hand. Verschwitzt, käsig und einfach nur zum Bemitleiden. Dann sitzt man als Papa daneben, und ich schwöre, ich würde tauschen in diesem Moment. Es ist wirklich kaum zu ertragen, das eigene Kind so leiden zu sehen. Immerhin gibt es inzwischen wahrscheinlich in ganz Deutschland die Möglichkeit, bei den Kindern im Krankenhaus zu übernachten. Wir hatten ein quietschendes Klappbett neben dem Kinderbettchen und konnten abwechselnd die Nächte an der Seite von Mette – na sagen wir mal – sein. An Schlaf ist nämlich so gut wie gar nicht zu denken. Vor allem wenn man nicht gerade ein Einzelzimmer hat und den Raum noch mit zwei anderen Kindern nebst Mama oder Papa teilen darf. Entweder schnarcht mindestens einer der Letztgenannten, oder die Nachtschwester kommt gerade in der beginnenden Tiefschlafphase herein und misst die Temperatur. Das wiederum weckt dann ein Kind auf, was die anderen beiden veranlasst, in den » Gesang der Nacht « mit einzustimmen. Dazu kommt die ständige Sorge, der erwähnte Geruch und das ständige Piepsen irgendwelcher technischer Errungenschaften.

Das sollte jetzt aber kein Schwarzmalen sein und auch nicht dem Bangemachen dienen. Letztendlich bin ich froh über den Fortschritt in der Kinderheilkunde. Meine Kinder haben sich jedenfalls immer erholt und strotzen meist vor Gesundheit.

Unterhaltungsprogramm für Papa und Kind

Allein unter Frauen – die Krabbelgruppe

So ein Tag alleine mit Kind kann sich ganz schön in die Länge ziehen. Das bezieht sich jetzt nicht nur auf Zeiten mit Krankheiten oder ähnlichen unschönen Situationen. Nein, ein ganz stinknormaler Tag mit Nachwuchs will gestaltet werden. Kaum etwas ist nämlich für die ganz Kleinen schlimmer als Langeweile. Abgesehen von den Ruhe- oder Schlafphasen möchten Kinder die absolute Aufmerksamkeit. Das ist aber ganz schön viel verlangt. Natürlich geht es nicht darum, ständig irgendwelche Events aus dem Ärmel zu zaubern. Aber nur in der Bude zu hocken oder einmal am Tag spazieren zu gehen ist ja auch für die Eltern extrem langweilig. Daher meine These, dass vor allem deswegen die »Veranstaltungen« für Kleinstkinder oft ausgebucht sind.

Ich habe mich wirklich angestrengt. Ganz ehrlich. Aber ich bin einfach nicht der Typ »Krabbelgruppen-Papi«. Wie schon erwähnt tun sich nach der Geburt eines Kindes ja sowieso ganz neue Welten auf. Das beginnt schon mit der Art der Kommunikation unter Eltern. Da wird über die Farbe und Konsistenz des morgendlichen Babystuhls diskutiert, es werden Meinungen über diverse Wickeltechniken und Massagearten ausgetauscht und – ganz schlimm für meine

Geschlechtsgenossen – Methoden zur Vermeidung von Brustentzündungen mitgeteilt. Das ist selbst für die meisten modernen Männer doch ein wenig zu viel des Guten. Schlimm genug, dass sich der frischgebackene Papi die Brust der Geliebten mit einem Teil seines Erbgutes teilen muss. Auch der Erotik-Faktor leidet ob dieser Themengebiete enorm.

All das führt dazu, dass man seinen Bekanntenkreis entweder stärker auf die Menschen fokussiert, die selbst schon Eltern sind, oder dass man sich einen komplett neuen Gleichgesinnten-Kreis aufbaut. Letzteres hat einen enormen Vorteil: Alle stecken in einem neuen Lebensabschnitt und viele sind genauso unsicher wie man selbst. Meist bilden sich solche Gruppen aus dem Geburtsvorbereitungskurs, der Rückbildungsgymnastik, der ersten Babymassage oder anderen Angeboten für die Sprösslinge. Das kann dann ganz verschiedene Formen annehmen. Da gibt es zum Beispiel die zwanglosen Treffen der Frauen aus der Geburtsvorbereitung. Da sich die Entbindungstermine bei solchen Treffen nur um Wochen unterscheiden, ist immer ein Gesprächsthema da. »Wir sind laut Rechnung nächste Woche dran, aber bei Frauke kam die Kleine ja auch drei Tage zu früh« oder: »Hast du schon gehört, dass Tanja entbunden hat? Der Kleine hat so viele Haare. Das sieht vielleicht seltsam aus«, und so weiter. Da sich Männer immer erst dann mit etwas beschäftigen, wenn sie es sehen, riechen oder schmecken können, sind sie allein genetisch bei solchen Unterhaltungen völlig außen vor. Aber wenn das eigene Kind dann da ist … ändert sich an dieser Grundeinstellung eigentlich auch nichts.

Jedenfalls können aus den Kursen vor der Geburt Gruppen entstehen, die sich danach zum zwanglosen, aber langfristigen Krabbeltreff ausdehnen. Scotts Krabbelgruppe existiert zum Beispiel nach über fünf Jahren immer noch. Krabbeln ist natürlich nicht mehr angesagt, aber so entstanden erste neue Freundschaften. Und da sind wir schon mittendrin. Diese wöchentlichen Treffen, alternierend bei irgendeinem Elternpaar, sind oft reine Frauensache. Selbstverständlich versucht Mann da, irgendwie Anschluss zu halten, aber ich für meinen Teil stoße dabei an meine kommunikativen Grenzen. Nicht, dass ich keine Frauen mag oder gerade in dieser Truppe irgendeine Schreckschraube wäre. Aber ich erkenne einfach an, dass Männer und Frauen manchmal nicht kompatibel sind.

Trotzdem startete ich mit Mette einen weiteren Krabbelgruppen-Versuch. Beim zweiten Kind trifft man sich allerdings eher nicht mehr mit den »Anfängerinnen« aus dem Vorbereitungskurs (O-Ton einer zweifachen Mutter). Glücklicherweise fand ich gleich eine Gruppe, die sich in einem Pfarrsaal einmal pro Woche traf. Nix wie hin also. Es begann eigentlich alles so, wie ich es mir wünschte. Ein nettes Hallo, Kaffee war bereitgestellt, und die Kinder von drei bis 15 Monaten eierten je nach Reifegrad auf dem Fußboden herum. Es waren sogar noch zwei weitere Väter anwesend. Jippieh. Die Überraschung lag dann im Detail. Während der Krabbelphase kam eine Dame mit Gitarrenkoffer herein, und es kam, wie es kommen musste: Es wurde gespielt, geklatscht und gesungen. Vielleicht bin ich da etwas neurotisch veranlagt, aber, liebe Mitmenschen, das ist wirklich nicht jedermanns Sache. Abgesehen davon, dass ich die meisten Lieder gar nicht kannte und auch nicht kennen wollte, als mir die Texte um die Ohren gesungen wurden, hatte die ganze Szenerie einen wahnsinnig aufgesetzten Charakter. Und noch mal für alle Skeptiker: Ich singe gerne für mein Kind, im Grunde sogar jeden Abend, aber eben in den eigenen vier Wänden. Und falls ich meinen Kindern durch das konsequente Verweigern des Gruppenträllerns im zarten Alter der Stillphase langfristig geschadet haben sollte, steht mir ja noch die zwanghafte musikalische Früherziehung als Notnagel zur Verfügung. Wer das Geträller mit Kindern übrigens als typisch deutsch abtut, irrt. In den entferntesten Ländern wird mit weit größerer Selbstverständlichkeit gesungen, dass es nur so kracht, aber das ist ja dann bezaubernde Folklore ...

Aber im Ernst: Natürlich ist es enorm wichtig für das Kind, mit etwa Gleichaltrigen zu spielen. Der immerwährende Drang zu lernen und sich bei anderen etwas abzuschauen ist ja in jedem Moment der Wachphase schon bei den Kleinsten spürbar. Da ist es völlig egal, ob in irgendwelchen Gruppen gesungen, getanzt und Kaffee getrunken wird oder ob die neuesten Bundesliga-Transfers diskutiert werden. Die Kleinen verrenken sich meistens den Hals, um die anderen Mütter, Väter und Babys nicht aus den Augen zu verlieren. Und unter den Eltern entsteht in diesen Gruppen immer eine gewisse Verbundenheit und Sicherheit, wenn sie sehen, dass andere mit ihrem Baby auch etwas unsicher umgehen.

Ein Wort vielleicht noch zu einem speziellen Angebot von Kliniken, Geburtshäusern oder Hebammen-Läden. Es gibt wohl keinen Ort, der irgendwie mit Neugeborenen zu tun hat, an dem nicht mindestens ein Flyer zu PEKIP-Kursen ausliegt. Dahinter verbirgt sich das »Prager-Eltern-Kind-Programm«, entwickelt vom Prager Psychologen Jaroslaw Koch. Sinn der wöchentlichen Treffen ist, dass die vorhandenen Fähigkeiten der Babys durch Spiel-, Bewegungs- und Sinnesanregungen angesprochen und weiterentwickelt werden. Bei Wikipedia liest sich der wissenschaftliche Ansatz so: »Das Konzept ist eng mit den gruppendynamischen Leitlinien der themenzentrierten Interaktion verbunden.

Darüber hinaus begleiten die PEKIP-Leiter die Teilnehmer im Sinne der personenzentrierten Gesprächsführung nach C. R. Rogers. Ein weiterer Bezug ist das der Bindungstheorie entlehnte Konzept der elterlichen Feinfühligkeit. Die soziale Gruppenarbeit mit den jeder sozialen Gruppe innewohnenden dynamischen Prozessen dient als Basis« (9/2008).

Alles klar? In der Praxis heißt das: Die Babys werden im extrem geheizten Raum nackig gemacht und können sich bewegen, wie sie wollen, oder sie werden unter der Leitung der speziell geprüften Fachkräfte so drapiert, dass sie zum Beispiel ihre Nackenmuskeln stärken. Das Nackigsein hat dabei nicht allzu selten den Vorteil eines wiederkehrenden Amüsements. Da die Sprösslinge weder über ihre Blase noch über ihren Schließmuskel Kontrolle haben, gibt es öfter mal einen Aufschrei des anwesenden Elternteils. Falls Sie also einen solchen Kurs besuchen möchten, halten Sie nicht nur Wechselklamotten für das Baby, sondern auch für sich bereit. Das gilt vor allem für Eltern von kleinen Jungs! Ein weiterer großer und echter Pluspunkt ist bei PEKIP die Ermutigung der Eltern. Es geht hier nämlich vor allem auch um das Verstehen der eigenen Unsicherheit bezüglich des neuen Lebens und um den angesprochenen Austausch mit gleichermaßen »Betroffenen«.

Aber egal, ob man solche Kursangebote wahrnimmt oder nicht, Hauptsache, man tauscht sich irgendwie aus und hat Spaß mit dem eigenen Kind. Und für uns Männer gilt ab sofort: Zugeben, dass wir auch unsicher sind, und nicht darauf warten, dass uns die passende Antwort irgendwie zufliegt, sondern Unterstützung suchen. Ob zu Hause, in Krabbelgruppen, bei Hebammen oder Mutti; Angebote gibt es genügend, und irgendetwas Passendes ist immer dabei.

Vom Babyschwimmen und brummenden Männern

Das Meer rauscht. Zarte Wellen spielen am Strand. Das kühle Nass benetzt meine Füße. Wasser werden so einige Eigenschaften zugesprochen: Von Entspannung bis Erfrischung, oft ist auch vom Wasser als der Quelle allen Lebens die Rede.

Meine ersten Erinnerungen zum Thema H_2O sehen so aus, dass ich schwimmen lernte (oder lernen musste), indem mich meine Mutter in die italienische Adria warf. Das war 1974. Unter heutigen pädagogischen Gesichtspunkten natürlich ein GAU. Aber vielleicht war meine Mutter noch so beeindruckt von den Olympischen Spielen in München zwei Jahre zuvor. Da holte ein gewisser Mark Spitz satte sieben Goldmedaillen. Diesen Rekord toppte dann 36 Jahre später Michael Phelps bei der Menschenrechts-Olympiade in Peking. Beide Ausnahmeathleten im … Schwimmen. Mutti wollte wohl nur das Beste, und wer weiß, wenn ich damals richtig Spaß daran gefunden hätte, wäre ich vielleicht ein zweiter Michael Groß geworden. Aber erstens ging es wohl schon damals nicht ungedopt, und zweitens kam dann alles anders. Nach den ersten »Bloß-nicht-untergehen«-Versuchen wurde ich ungefragt in einem Schwimmverein angemeldet. Ich war ungefähr dreimal beim Training. In einem Jahr. Das lag auch daran, dass ich zum Schwimmen meine Brille absetzen musste, und das war bei meiner Kurzsichtigkeit kein Vergnügen. Ich war schon froh, mir vorher noch den Weg zur Einstiegsleiter gemerkt zu haben. Die Gesten meines Schwimmlehrers waren für mich dagegen visuell schlicht nicht wahrzunehmen, was des Öfteren zu für mich unverständlichen Wutausbrüchen am Beckenrand führte. Auch an das Schulschwimmen von Klasse fünf bis acht erinnere ich mich leider noch sehr genau. Ein fürchterlicher Chlorgestank, gepaart mit blauen Kacheln, auf denen man höchstens im Gänsemarschtempo laufen konnte, ohne sich sofort langzulegen. Die Duschen waren entweder granatenkalt oder brühend heiß. Da gab es keine Kompromisse. Die Sammel-Umkleideräume waren natürlich viel zu klein, das Becken marode und meist nicht besonders sauber. Immerhin durfte ich hier meine Brille bis zum Beckenrand auflassen.

Sie können also vermuten, dass mich Schwimmbäder nicht gerade magisch anziehen. Trotzdem begab ich mich sowohl mit Scott als auch mit Mette heroisch zum für frischgebackene Eltern obligatorischen Babyschwimmen. Auch wenn sich die äußeren Umstände in vielen deutschen Bädern mittlerweile deutlich geändert haben und aus den spartanischen Schwimmhallen oft Wellness-Oasen entstanden sind, gilt dies leider selten für Einrichtungen mit Baby-Lehrbecken. Also stand ich eines Samstagmorgens mit Mette auf dem Arm um 10 Uhr wieder einmal vor einem Umkleideraum, dessen Enge kaum zu beschreiben ist, und der zweifelhafte Geruch von Chlor brachte die Bilder aus meiner eigenen Vergangenheit zurück.

Das Betreten des Baby-Beckens ließ mich aber glücklicherweise alle Traumata vergessen. Das – hoffentlich nur im übertragenen Sinne – pisswarme Wasser umschmeichelte uns beide und gab mir irgendwie das Gefühl, mich in einer großen Badewanne zu befinden. Ich schaute mir die anderen Elternteile an und zählte durch. Es waren sechs Babys im Wasser mit, jetzt halten Sie sich bitte fest, fünf Vätern. Der Papa-Anteil lag also bei 83 %. Na, wenn das mal nicht eine hervorragende Quote war ... O.K., es war Wochenende, und ich habe auch keinen gefragt, ob er freiwillig da war oder nur wegen des heimischen Friedens, aber egal. Jedenfalls war das eine Abwechslung zur sonstigen Normalität »allein unter Frauen«. Tragische Momente sollten allerdings das Bild schnell trüben. Falls Sie noch nie einem Krabbeltreff beiwohnen durften oder einem Babyschwimmkurs: Es wird, wie gesagt, viel und immer und zu jeder Gelegenheit gesungen. Mir fällt das schon gar nicht mehr auf, und ich frage mich auch nicht mehr, warum in aller Welt ausgewachsene Menschen ihre meist nicht vorhandenen Sangeskünste zum Besten geben müssen.

Jedenfalls kann man sich als Mann sonst oft vornehm zurückhalten beim Singen oder höflichkeitshalber höchstens mitsummen. Anders natürlich bei der Männer-Quote am Samstagmorgen im Babybecken. Fröhlich intonierte also die resolute Schwimmlehrerin das erste Lied, woraufhin man dann nicht nur wegen der typischen Schwimmbad-Akustik nur ein leises Brummen hörte, mal höher, mal tiefer. Jeder von uns schaute verkrampft sein in Windelbadehose gekleidetes Kind an und hoffte, dass der Spuk gleich vorbei sein würde. Mit derart kontraproduktiver Sangeskraft hatte wohl auch die Leadsängerin nicht gerechnet. Sie gab sich zwar alle Mühe, ihre Ungläubigkeit zu verbergen, aber spätestens beim Anstimmen des zweiten Liedes konnte sie ihren Ärger kaum noch zurückhalten. Lautstark intonierte sie ein Stück über strampelnde Beine, und die Reaktion war wiederum nur ein Chor brummigen Bemühens, bloß nicht zum Einzel-Vorsingen aufgerufen zu werden. Schließlich hatte die Chor-Leiterin ein Einsehen mit uns und beschränkte sich auf den Zugaben-Song »Alle Leut'«. Da konnte sich wenigstens keiner mehr aus der Affäre ziehen. DEN kennt nun wirklich jeder, der Kinder hat. Ich habe mich, wahrscheinlich ebenso wie die anderen, irgendwie ertappt gefühlt. So ganz ohne Deckung verliert man eben jedes Spiel, und ich war froh, als ich wieder in der

Krabbelgruppe war. Da gab es genügend Frauenstimmen, und ich konnte mich wieder ein wenig dahinter verstecken. Dummerweise ging mir lange Zeit ein Ohrwurm nicht mehr aus dem Kopf. »Alle Leut', alle Leut' gehen jetzt nach Hause …«

An dieser Stelle will ich aber noch darauf hinweisen, dass das Babyschwimmen wirklich Sinn macht. Physiologisch, pädagogisch und sportpsychologisch ist das absolut unbestritten. Außerdem macht es wirklich jede Menge Spaß. Die Kleinen fühlen sich offenbar pudelwohl, sogar bei ersten Tauchversuchen, und die Nähe, die man zu seinem Kind bekommt, ist alle An- und Ausziehzeiten wert. Letztere dauern nämlich bei Weitem länger als der eigentliche Kurs. Der Lästerfaktor in meinem Kurs war ebenfalls auf einem hohen Niveau. Zwei Mitväter und ich gingen nach dem kollektiven Babytunken immer einen Kaffee trinken und tauschten uns über die unmöglichen Elternteile aus, deren Umgang mit ihren Babys so gar nicht unseren Vorstellungen entsprach. Unfair? Klar! Da gibt es zum Beispiel fast in jedem Kurs einen unsicheren Wochenendpapa nebst Gattin am Beckenrand. Bei jedem kleinen Mucken des Frühschwimmers kommt dann Mutti angerannt und nimmt diesen aus dem Becken, um ihn zu beruhigen, was natürlich zur Folge hat, dass Vati am liebsten gar nichts mehr mit dem Kind allein unternimmt. Ein herrliches Bild, das uns Läster-Papas nur ein ungläubiges Lächeln abringen kann.

Verhaltensstudien auf dem Spielplatz

Na, an was denkt man beim Stichwort Kinder als Erstes? Klar, an den Spielplatz. Ich habe mich direkt in den ersten Tagen der Elternzeit schon gefragt, ab wann man mit den Kleinen denn nun eigentlich auf den Spielplatz muss/kann/darf. Ich wusste nur, dass die meisten Belustigungsplätze Kindern bis zwölf Jahren offen stehen. Während bei DVDs immer auf der Verpackung steht, ab wie viel Jahren der Film freigegeben ist, suchte ich ähnliche Hinweise in den Spielarenen vergebens. Also habe ich mich mit Scott bereits in seinem zarten Alter von sechs Monaten ins Vergnügen gestürzt. Natürlich kann ich mich täuschen, aber ich glaube, er hatte Spaß daran. Der Spruch »Dreck reinigt den Magen« kam mir jedenfalls sofort wieder aus meinen eigenen Kindertagen ins Gedächtnis, als seine zarten Fingerchen die erste volle Ladung Sand in den Mund schaufelten. Klar habe ich da mit einem deutlichen »Nein, nicht den Sand essen« interveniert. Das resultierte aber vor allem aus dem Gruppendruck heraus. Denn auf so einem Spielplatz sind immer irgendwelche Elternteile, die einen schräg anschauen, wenn man zu lax mit seinem Nachwuchs umgeht. Vielleicht haben die auch nur Angst, dass ihr Kind nichts mehr zum Spielen hat, wenn das Blag dieses Rabenvaters den ganzen Sand wegisst, wer weiß.

Zugegeben, das war jetzt ein wenig spitz formuliert. Natürlich habe auch ich keine Lust auf Brechdurchfälle meines Kindes, die der Tatsache geschuldet sind, dass es mit dem uralten Sand vermutlich auch Taubendreck in sich hineingeschüttet hat. Aber auf die schlechten Spielplätze gehe ich erst gar nicht. Jaja, da gibt es Unterschiede. Von den hochmodernen Anlagen mit Klettergerüsten und -netzen aller Art, kombiniert mit Wasser- und Matschecken bis zu den

bodenständigen »Sandkasten, Schaukel, Rutsche«-Typen.
Ich habe die Erfahrung gemacht, dass die Ausstattung völlig egal ist, solange nicht zu viele Kinder da sind und die Sauberkeit einem gewissen Mindestmaß entspricht. Sowohl Scott als auch Mette haben in entsprechendem Alter dieselben Vorlieben gehabt. Das fing an mit der Bevorzugung des Sandkastens, ging dann über zur Rutsche und endete schließlich auf der Schaukel.

Viel interessanter ist aber der zweite Grund, wegen dem man auf den Spielplatz geht. Man will mal kurz seine Ruhe. Jedenfalls habe ich das immer so gesehen. Kind im Sandkasten abstellen, drei Förmchen und 'ne Schaufel dazupacken und dann den Milchkaffee genießen, den man sich in weiser Voraussicht beim Bäcker auf dem Weg besorgt hatte. *Coffee to go*-Spielplatz.

Wenn Sie nun meinen, dass das alle so machen, liegen Sie allerdings komplett daneben. Falls Sie selber ein Kind haben, wissen Sie es besser. Wie die Kinderwagenkucker lassen sich auch die Spielplatzbesucher soziodemografisch hervorragend in verschiedene Typen einteilen. So saß ich oft ein oder zwei Stunden auf meiner Lieblingsbank des Spielplatzes in der Bonner Altstadt. Dieses Etablissement ist in einem Innenhof gelegen, und wäre da nicht das Kindergeschrei, könnte man glatt von einer Oase der Ruhe sprechen. Ich hatte das übliche Spiel »Kind ablegen und schauen, ob es sich alleine beschäftigt oder nicht« bereits hinter mir (meine Kinder sind so gut erzogen [!], dass sie das auch fast immer getan haben) und hatte nun ausgiebig Gelegenheit, die anderen Spielplatzbesucher zu betrachten.

Zum einen gibt es da die Rabenmütter und -väter, die, wie ich, nur zum Entspannen und Kaffeetrinken eine solche Örtlichkeit besuchen. Des alleinigen Beschäftigens mit dem Kind überdrüssig, dösen diese Artgenossen auf einer

Bank mit halbem Auge auf der Brut dem Nachmittag entgegen.

Dann wären da noch die Väter, die augenscheinlich nur heute mal einen Tag frei haben und mit ihrem Kind ihre eigene Abenteuerlust austoben. Die machen einen großen Radau dabei und wollen selbst dann noch mal rutschen, wenn sich ihr Kind schon längst für etwas anderes interessiert. Das nervt zwar ein wenig, ist aber irgendwie auch ganz putzig.

Meine liebste Spielplatzkategorie ist der Typus »hysterische Mutter«. Immer wieder ein Lacher, wenn ein zweijähriges Kind die zweite Sprosse eines Klettergerüsts erklimmt und sehr standhaft auf seinem Recht beharrt, noch höher hinaus zu wollen. Ich schwöre Ihnen, dass in einem solchen Moment bei JEDEM Spielplatzbesuch mindestens einmal aus irgendeiner Ecke kommt: »Kevin, komm da sofort runter!« Natürlich sind die Namen austauschbar, aber immer wird es eine Mutter sein, die diese angstgefüllten Worte brüllt. Von einem Vater habe ich so etwas noch nie gehört und werde es aller Wahrscheinlichkeit auch nicht. Junge Papas stehen offenbar auf dem Standpunkt, was uns nicht tötet ... Das mutet nun wieder sehr grausam an, hat aber nichts mit dem martialischen »survival of the fittest« zu tun. Die Väter bekommen schon mit, was ihr Sprössling auf dem Spielplatz so treibt. Bei brenzligen Situationen sind wir nämlich immer auf dem Sprung. Nur, wir greifen lediglich in absoluten Notfällen ein. Schließlich soll das eigene Kind ja eine gewisse Selbstständigkeit lernen. Selbstverständlich fielen sowohl Scott als auch Mette mehr als einmal auf die Nase. Das Schlimmste, das man als Mutter meines Erachtens in solchen Momenten machen kann, ist dann den Herrn Papa für die Pein verantwortlich zu machen und demnächst noch schneller Dinge zu unterbinden. Hab ich alles schon gehört und gesehen, z.B. Anschuldigungen wie: »Wie kannst du nur dabei zuschauen, wenn mein (!) Kind sich schwer verletzt!« Die »schweren Verletzungen« reduzieren sich bei genauerem Hinsehen dann auf eine 1 mal 1 cm große Schürfwunde, die bei größerem Bohei der Eltern allerdings vom Kind als glatter Durchschuss einer 9 mm Beretta empfunden wird, unschwer zu erkennen an dem ohrenbetäubenden Lärm, der aus der kindlichen Kehle dröhnt.

Das wiederum brachte mich auf die Idee, auch die Kinder auf Spielplätzen zu kategorisieren. Und da kristallisierten sich zwei wunderbare und völlig gegenläufige Typen heraus. Erstens: Kinder, die alles machen dürfen, und zweitens: Kinder, die nichts machen dürfen. Erstaunlicherweise gibt es tatsächlich beide Gruppen. Beginnen wir mit der zweiten. Diese Kinder tun mir wirklich leid. Sie sitzen im Sandkasten und beobachten die anderen, die herumtollen und Quatsch machen, sich die Rutsche hinabstürzen und auf Bäume klettern. Sie selbst bleiben aber sitzen. Warum? Weil die Eltern so ein Trara veranstalten, wenn sie zum Beispiel einmal die erste Sprosse einer Leiter erklimmen. Das sind definitiv Kinder von überängstlichen Eltern. Das Problem der schnellen elterlichen Eingreiftruppe führt nach meinen Beobachtungen oft dazu, dass sich die Kinder nichts mehr zutrauen. Das krasse Gegenteil gilt für die Gruppe von Kindern, die scheinbar grenzenlos aufwachsen. Sie brüllen, schießen fremde Bälle ins Gebüsch, schnappen sich die Kekse der Kleineren oder hauen auch gerne mal mit der Schippe auf Kinder ein, denen sie dieses Instrument gerade aus der Hand genommen haben.

Gerade Letzteres musste ich einmal mit Scott erleben. Natürlich kommt es zwischen Kleinkindern oft zum Streit, was die Spielzeugauswahl angeht, aber das war dann doch des Unguten zu viel. Ich saß am Rande des Sandkastens und holte gerade Förmchen und Schaufel aus der Tasche. Das ist natürlich spannend, und so kam ein anderer Dreikäsehoch auf mich zugewackelt und wollte mal schauen, was ich da so habe. Er schnappte sich kurzerhand die kleine blaue Schaufel, füllte sie mit Sand, schüttete alles auf Scotts Kopf und landete anschließend mit einer eleganten Drehung einen Volltreffer mit der Schaufel auf Scotts Ohr. Der fing nach einer verdutzten Sekunde natürlich gleich an zu plärren, also beugte ich mich zu ihm und nahm ihn erst mal in die Arme, als mich die Schaufel ebenfalls auf meinem linken Ohr mit ziemlicher Wucht traf. Dem unbekannten Kind nahm ich augenblicklich die Schaufel aus der Hand, und sofort heulte auch aus seiner Kehle eine schrille Sirene auf. Das wiederum veranlasste offensichtlich die Mutter zu reagieren, und ich hörte nur die Worte: »Also, wie kann man nur. Er wollte doch nur spielen.« Selbstverständlich ist mir erst Stunden später die richtige Erwiderung eingefallen, aber in dem Moment sagte ich nur, dass das ja wohl ein Scherz sei. Wie auch immer, auch diese Klientel gibt es leider zuhauf, und beide Extreme fallen als solche immer wieder auf Spielplätzen auf.

Noch ein Wort zu Spielplatzgesprächen. Man könnte ja mal durchatmen, wenn einem das Kind gerade nicht am Hosenzipfel hängt, trotzdem wird hier ausschließlich über Kinder geredet. Das ist so ähnlich wie bei Krabbelgruppen. Mit dem kleinen Unterschied, dass man sich auf Spielplätzen eher zufällig unterhält. Selten gibt es feste Treffpunkte mit den immer gleichen Menschen. Und ein großer Unterschied fällt zumindest an Wochentagen noch ins Auge. Als einziger Papa wird man oft gefragt, was denn die Mama mache. Auf die Antwort hin, dass sie wieder arbeite, fällt allzu oft der Blick aufs Kind, dann auf den Papa, und es folgt ein mir allzu bekanntes »Mmmhhm«, das übersetzt wohl so viel heißt wie: »diese Rabenmutter«.

Artgerechte Haltung von Kindern oder Frühförderung falsch gedacht

Je intensiver Rattenmütter ihre Babys abschlecken, desto resistenter zeigen sich die heranwachsenden Tiere später gegenüber psychischen Belastungen. Soll heißen: Mehr verhätscheln ist einfach besser. Diese bahnbrechende Erkenntnis war auf einer Jahrestagung der psychosomatischen Fachgesellschaften zu vernehmen. Was das mit Früherziehung zu tun hat? Im übertragenen Sinne eine ganze Menge. Die Forscher haben nämlich auch für Menschen herausgefunden, dass geringe mütterliche Zuwendung dazu führt, dass Erwachsene später schlechter mit Stress umgehen können. Und Stressbewältigung ist in den letzten Jahren wirklich zu einer individuellen Herausforderung geworden. Während früher der Satz »Unseren Kindern soll es später einmal besser gehen« mehr auf das finanzielle Wohl abzielte, versuchen besorgte Eltern heute eher den Nachwuchs vom Alltagsstress fernzuhalten. Wobei das durchaus schizophrene Züge annehmen kann.

Da gibt es zum Beispiel Eltern, die um einen Platz in einer bilingualen Krabbelgruppe kämpfen. Dort werden chinesische Dialekte bereits in die Windel gelegt. Ob das Sinn macht, werden wir wohl erst in zwei Jahrzehnten erfahren. Hat unser Altkanzler Helmut Kohl nicht einmal gesagt: »Wichtig ist, was hinten rauskommt?« Was in der Windel liegt, entspricht demnach also der Sinnhaftigkeit solcher Frühförderung.

Weiter geht es mit der zweimal pro Woche stattfindenden frühkindlichen Sprachförderung für Zweijährige. Ziel ist (natürlich), den Globalisierungsstress möglichst zu reduzieren, indem man den Kleinen beispielsweise Englisch so früh wie möglich und spielerisch erschließt. Ohne dass sie gleich mit dem Vokabellernstress konfrontiert werden. In einem Fernsehbericht über eine überzeugte Frühförderungsfamilie sagte ein Papa ganz stolz, dass ihm sein vierjähriger Sohn einmal in einer »Aussprache« ein »Hey Papa, solve your problems« unter die Nase rieb. Klugscheißen nannte man das früher.

Ja, beginnt denn die berufliche Zukunft der Sprösslinge wirklich lange vor dem ersten Schultag? Sind Grundrechenarten, Kommaregeln und mindestens eine Fremdsprache Pflicht? Kann man für sein Kind ansonsten gleich einen Antrag stellen auf vorzeitige Einstufung als Hartz-IV-Empfänger? Meine Vorstellung einer glücklichen Kindheit ist eher die von unbeschwert spielenden Kindern. Ich halte nicht viel davon, die Kleinen in einer Art Hochleistungszucht zu den zukünftigen Spitzenverdienern zu foltern. Manchmal wünsche ich mir Handbücher zur »artgerechten« Haltung von Kindern, wenn wieder jemand auf dieses unvermeidliche Thema zu sprechen kommt. Nicht nur einmal fragte ich mich, wie wir eigentlich alle groß geworden sind, so ganz ohne diese Frühförderungsprogramme ...

Eine befreundete Grundschullehrerin fürchtet übrigens allzu frühgeförderte Kinder, da sie das ganze Unterrichtskonzept in der ersten Klasse durcheinanderbringen. O-Ton: »Es reicht völlig, wenn die Kinder Spaß am Entdecken haben. Schreiben, Lesen etc. sollen sie gemeinsam in der Schule lernen.«

Dann gibt es noch die Kategorie »heile Welt«. Egal wie viel Stress die Eltern gerade haben (im Job oder privat), sie lassen einfach null Komma null zu Hause davon durchblicken. Der dahinterliegende Denkansatz mag ja einleuchten: Ich will den Kindern den Stress ersparen, den sie sowieso noch früh genug zu spüren bekommen. Aber glauben die denn im Ernst, dass den Kindern diese Anspannung verborgen bleibt? Unzufriedenheit, Wut, Ärger, Furcht oder andere unangenehme Gefühle können doch nicht totgeschwiegen werden. Stichwort ist hier die emotionale Intelligenz. Auch die müssen Kinder erst mal lernen am Vorbild Mama/Papa.

Wahrscheinlich liegt der Königsweg wieder einmal irgendwo dazwischen. Mir persönlich ist in jedem Fall wichtig, dass Scott und Mette nicht nur mit Liebe und Zuwendung, sondern auch mit allen anderen Emotionen aufwachsen. Ich kenne das Gegenbeispiel aus meiner Jugend. Teppiche waren reichlich fürs Drunterkehren von Problemen vorhanden. Das scheint offensichtlich ein Generationending zu sein, wie ich in Gesprächen mit Gleichaltrigen heraushören konnte (eigentlich spricht Mann ja nicht drüber ...).

Also, wenn Scott z.B. wütend ist (und auweia, das kann er), dann darf er das (natürlich in gewissen Grenzen) auch zeigen. Sachen herumwerfen, treten, Heiserkeitsbrüllen sind aber tabu. Solche Ausfälle sind nach einem kurzen Gespräch meist auch schnell wieder vorbei. Wichtig ist uns, dass er immer sagen kann, warum er wütend war. Triftige Gründe können sein, dass das Lieblings-T-Shirt (das Ranking wechselt fast täglich) gerade in der Wäsche ist oder dass wir jetzt nicht ganz spontan am Sonntagmorgen nach Berlin zum Mauerpark-Flohmarkt fahren können ...

Aber nicht dass Sie denken, bei uns käme die Frühförderung zu kurz. Abgesehen vom Schwimmkurs (Scott hat bereits mit vier Jahren sein Seepferdchen erschwommen) und der kindergärtlichen Musikstunde kommt Scott zum Beispiel in den Genuss eines Wochenend-Intensiv-Seminars zum Landschaftsgärtner in spe. Wir haben nämlich glücklicherweise einen Garten, der öfter mal umgegraben werden muss. Wir reißen Unkraut raus, zählen Regenwürmer, pflanzen um und machen »Dreckhaufen«. Spielerische Vorbereitung auf wunderbare Agrarberufe.

Und um am Schluss noch mal auf die Psychosomatiker zurückzukommen: Ich hoffe, dass sie bei ihrer nächsten Tagung auch die Rolle des Vaters unter die Lupe nehmen. In der Zwischenzeit schlecke ich Mette vorsichtshalber einmal täglich ab. Man will ja das Beste fürs Kind.

Feiern mit Kindern – gewusst wie

Wunschwasser – Mettes Willkommensfest

Familienfeste sind prima! Wenn, ja wenn man sie nicht selber ausrichten muss. Als junge Eltern erfährt man ja sofort nach der Geburt, dass man nun ganz neuen gesellschaftlichen Verpflichtungen unterliegt. Alle wollen mal schauen, und so hat man anfangs kaum einen Nachmittag oder ein Wochenende ohne » Baby-Besuch «. Entweder kommen alte Freunde oder neue Freunde aus dem Vorbereitungskurs, die letztlich nur die Bestätigung haben möchten, dass ihr Baby viel hübscher ist als das der Besuchten. An den Wochenenden reisen dann ganze Heerscharen von Verwandten an. Omas, Opas, Tanten, Onkel fallen ein, um mindestens mal » kutschikutschi « zu machen. Das ist umso schlimmer, wenn es sich um das erste Baby in der Familie handelt, dann strömen sie wirklich aus allen Ecken herbei. Bei Kind Nummer zwei, so meine Erfahrung, schwächt sich das schon ein wenig ab. Für meine Mutter war Mette schon Enkel Nummer fünf. Entsprechend geringer ist ihr Drang zu täglichen Besuchen, was allerdings aufgrund der geografischen Entfernung von 200 km ja auch zusätzlich erschwert ist. Das heißt natürlich nicht, dass Oma die Enkel nach Reihenfolge ihres Erscheinungsdatums priorisiert. Ein Kollege von mir zum Beispiel hat fünf Kinder, und auf die Frage, ob er seine Zuneigung, Liebe und Aufmerksamkeit nicht immer stärker aufteilen müsse, sagte er etwas für mich sehr Eindrucksvolles: »Der Kuchen wird mit jedem neuen Kind nicht weiter geteilt, sondern der gesamte Kuchen wird größer.« Eine Aussage, die zwar theoretisch klingen mag, sich aber in unserer Familie durchaus bewahrheitet hat.

Nichtsdestotrotz erwarten alle (alle!) ein rauschendes Fest, um den kleinen Erdenbewohner willkommen heißen zu können. Gut zwei Monate planten wir also Mettes Willkommensfest. In der Ermangelung institutionell kirchlicher Traditionsüberzeugungen der Eltern (vor allem des Papas) verzichteten wir auf eine Taufe. Stattdessen wollten wir aber unsere Kleine, wie schon Scott vor dreieinhalb Jahren, mit einem Fest innerhalb von Familie und Freunden begrüßen. Wir beschränkten uns auf den engsten Kreis, der 18 Erwachsene und sieben Kinder einschloss. Exklusive unserer Viererbande.

Da fiel die Entscheidung leicht, das Ganze nicht in einer Dreizimmerwohnung zu feiern. Wenn ich allein an das vermiedene Chaos, die Enge, das Essen und die Getränke, die wir hätten besorgen müssen, sowie die Bergmassive an danach zu spülendem Geschirr denke, war diese Entscheidung zwar preisintensiver, aber an Entspannung kaum zu überbieten. Wir entschieden uns für einen Brunch in einem Café. Klingt etwas langweilig, zugegeben, aber es war eine spezielle Lokalität. Für diejenigen unter Ihnen, die in der Umgebung des Siebengebirges wohnen, sei es hiermit empfohlen: das Milchhäuschen. Nach einem appetitanregenden Spaziergang von etwa einer halben Stunde (mit Kinderwagen 40 Minuten) durch herrlichen, fast mystischen Wald taucht im Nichts auf einmal ein Haus auf. Besonders, wenn es wie am betreffenden Sonntag schon ordentlich kalt ist, ist das Sitzen am prasselnden Kamin für die ganze Mischpoke genau das Richtige. Und bevor jetzt jemand auf die Idee kommt, nein, ich habe keine Prozente bekommen.

Die Idee, den Tag mit einem Spaziergang zu beginnen, fand auf jeden Fall enormen Anklang, obwohl die Uhrzeit (Treffpunkt auf dem Parkplatz: sonntags um 9.30 Uhr) nur bedingte Euphorie bei den kinderlosen Gästen aufkommen ließ. Ausschlafen galt aber nicht für eine Absage. Um das mit den Worten von Scott zu sagen: »Beim Willkommensfest sind wir der Bestimmer.« Im Milchhäuschen angekommen, gab es dann erst einmal das verdiente Essen, bevor unsere kleine erdachte Zeremonie begann. Alle sollten etwas Wasser mitbringen und es mit guten Wünschen für Mette in einen großen Behälter gießen. Mit dem so entstandenen Wunschwasser wurde erst Mette begossen, dann wurden die Pflanzentöpfe für die »Paten« bewässert. Ein Fläschchen haben wir abgefüllt und tiefgefroren. Man weiß ja nie, wann man die guten Wünsche noch mal brauchen kann. Immerhin sind unter anderem Rheinwasser, Wasser aus dem Maschsee in Hannover, aus der Offenbacher Bieber, Berliner Regenwasser, das Tourwasser eines Liedermachers und andere nasse Ingredienzien vereint. Da sollte doch für Mette nichts mehr schiefgehen.

Natürlich waren die Tage vor dem Willkommensfest nicht ganz stressfrei. Übernachtungen wollten geklärt sein, Plätzchen gebacken und Patenausweise mussten hergestellt werden (und damit die Nicht-Paten, inklusive des Bruders, nicht sauer waren, auch noch Bruder-/Oma-/Tantenausweise für alle Verwandten und Freunde) und und und. Und (natürlich) wurde Mette vier Tage vorher krank und schlief höchstens eine Stunde am Stück. ABER: Wir hatten einen Spitzentag – und es war einfach großartig, einmal wieder vor Augen geführt zu bekommen, wie viele tolle Menschen sich mit uns über die Kinder freuen.

Als Paten haben wir übrigens bei beiden Kindern einen Patenonkel, eine Patentante und ein Patenpaar ausgewählt. Eine vielleicht etwas unorthodoxe Methode, aber wir sind sicher, die richtige Wahl getroffen zu haben. Uns ging es dabei vor allem um das Vorhandensein verschiedener Denkweisen und Lebensmodelle. Natürlich sind das alles unsere engen Freunde, und doch unterscheiden wir uns in vielen Punkten … und das ist gut so. Egal, ob »echte« Taufpaten oder alternative Varianten, letztendlich geht es ja um Ansprechpartner in allen Lebenslagen, vor allem, wenn die Eltern in der pubertären Phase gerne mal als potenzielle Gegner oder Spaßbremsen angesehen werden.

Kindergeburtstag – früher war alles besser

Das neue Playmobil-Schiff, die große Pumuckl-Puppe oder der erste Kuss. An vieles erinnert man sich gerne. Es sind nur kleine Momente des Glücks, die ein inneres Lächeln in unsere Herzen zaubern können und uns für einen Moment unbekümmert sein lassen. Meist gefolgt vom leisen Anflug der Melancholie: Früher war irgendwie alles so unkompliziert.

Die zweimal jährlich wiederkehrenden Höhepunkte in meinen Kindheitserinnerungen sind natürlich Geburtstage und Weihnachten. Die Geschenke waren oft genug Volltreffer, und die Menge an frei zugänglichen Süßigkeiten war unbeschränkt. Kinderherz, was willst du mehr? Konzentrieren wir uns hier einmal auf die Kindergeburtstage: Zwei Wochen davor hieß es: Einladungen schreiben. Einen Tag vorher duftete die ganze Wohnung nach Marmorkuchen, und dann die Feier mit den Freunden. Das prägende Bild von damals bleibt: auf allen vieren kriechende Kinder mit zugebundenen Augen (Vatis Krawatte aus den Siebzigern), bewaffnet mit einem Kochlöffel auf der Suche nach dem Schatz unter Muttis ausrangiertem Kochtopf. Meine persönliche Reise in die unbeschwerte Vergangenheit.

Die Gegenwart sieht allerdings ganz anders aus. Die Rollen sind neu verteilt, und jetzt steht Scott mit seinen strahlenden Kinderaugen vor mir und fragt mindestens viermal am Tag, wie oft er noch schlafen muss bis zu seinem kommenden Geburtstag. Bei seinem vierten Geburtstag ging das Wochen so. Die Posten auf seinem Wunschzettel nahmen indes finanziell unerreichbare Dimensionen an. Das ging von Pixi-Büchern über die Gesamtkollektion von Playmobil bis zu etwas weiter gefassten Vorstellungen, wie z. B.: »Ich will was Gruseliges!«

Ebenso endlos erschien uns die Einladungsliste für seine Kostüm-Party zu sein. Die goldene Regel, nur so viele Kinder einzuladen, wie das eigene alt wird, konnten wir jedenfalls gleich vergessen. Wir feilschten eine Weile und handelten Scott noch auf acht Kinder herunter. Das müsste doch zu zweit zu schaffen sein. Einer kümmert sich um die neun Kinder und der/die andere um Mette. Dachten wir uns jedenfalls so. Noch schnell einige Party-Spiele im Internet heruntergeladen und einen kleinen Ablaufplan zusammengebastelt: Geschenke auspacken – Kuchen essen – Spiele machen – Abendessen (selbst gemachte Hamburger). Das klang nach einem guten Plan.

Wie das aber oft mit guten Plänen so ist, war dieser natürlich auch für die Katz. Dass sich Kinder einfach nicht an die Tagesordnungspunkte halten, war zwar keine Überraschung, aber mit so einer großen Schar war dieses Phänomen nur schwer zu bewältigen. »Bitte nicht mit den Schwertern auf den Kopf hauen. Ja ich helf dir gleich auf dem Klo.

Nein, du kannst jetzt nicht das Fahrrad aus dem Keller holen. Wer hat dich geschubst?« Flöhe hüten stelle ich mir ähnlich anstrengend vor. Zum Glück war meine liebe Schwiegermutter da, die sich vor allem um die arme Mette gekümmert hat. Die Kleine wäre sonst wirklich absolut zu kurz gekommen und hätte dadurch den Stressfaktor für uns nur noch erhöht. Nichtsdestotrotz, wäre ich nicht in Elternzeit gewesen, hätte ich in jedem Falle zwei Tage Urlaub genommen. Nehmen müssen.

Merke also, wer melancholisch seinen Kindergeburtstagen nachhängt, sollte auf jeden Fall gleich im nächsten Moment an die damals erbrachte Leistung seiner Eltern denken und ihnen im Gegenzug etwas Gutes tun oder zumindest mal wieder anrufen. Sie haben es verdient!

Außerhalb eines Kindergeburtstages gibt es natürlich noch viele andere Kindheitserinnerungen, die sich in die verklärte Seele eingebrannt haben. Hier mal eine lose Zusammenstellung meiner persönlichen Top Ten:

- Negerküsse (mit »ß«)/Mohrenköpfe stehen nun schon seit Langem als ernüchternde, aber politisch korrekte Schaumküsse im Supermarktregal, und beim Bäcker gab es in meiner Kindheit noch Negerkußbrötchen.
- Dass Raider »jetzt« Twix heißt, wissen auch alle, dank einer ziemlich dümmlichen, aber einprägsamen Werbekampagne.
- Big-Jim-Figuren (ich hatte alle drei!) waren noch frei von der Unterstellung, homosexuelle Neigungen zu unterstützen.
- Der Playmobil-Katalog umfasste ganze zehn Seiten.
- McDonald's hatte Konkurrenz von der »Hamburger-Farm« und verkaufte noch keine »chief salads«.

- Kaffee für die Eltern war noch Kaffee (draußen nur Kännchen!). Kein Milchkaffee, Latte macchiato oder special flavoured iced coffee drink.
- Lego hieß Lego und nicht »Constructor«, »Explorer«, »Power Miners« etc.
- Es gab noch die Eissorten Dolomiti und Flutschfinger, und der »Braune Bär« hatte noch diesen steinharten Karamellkern.
- Urlaube wurden mit endlosen Dia- oder Super8-Abenden nachzelebriert.
- Früher hatten Telefone eine Wählscheibe, und ein extra langes Kabel war schon purer Luxus.

Wenn ich dann weiter in Richtung Pubertät blicke, fallen mir durchaus noch weitere Punkte ein. Was war es beispielsweise für ein gelungener Beweis junger, zarter Liebe, der Angebeteten eine Kassette aufzunehmen (BASF Chromdioxid Super II, C45). Beidseitig! Nix mit Dual-Layer-CD. Die Hitparade wurde inklusive der halben Verkehrsnachrichten noch aus dem Radio aufgenommen. Die Kinder meiner Kinder dagegen werden sehr wahrscheinlich mit web 4.0 aufwachsen und einen iPod aus dem Antiquariat als Staubfänger im Wohnzimmer aufstellen. Auf deren Kindergeburtstage (Kid-Events) bin ich jedenfalls schon gespannt.

Um auch ein paar praktische Tipps für Geburtstage loszuwerden, will ich an dieser Stelle einige Dinge empfehlen, mit denen wir gute Erfahrungen gemacht haben. Ganz wichtig: Die Kinder stehen immer im Mittelpunkt. Das heißt, wenn man mit seiner vorbereiteten Planung bei den Sprösslingen aneckt, sollte man einen Plan B in der Tasche haben. Falls Sie also den Geburtstag zu Hause feiern wollen und sich die angebotenen Events, wie z. B. Eierlaufen, so entwickeln, dass alle Teilnehmer gelangweilt in der Ecke stehen, sich den Löffel gegenseitig auf den Kopf hauen oder aus anderen Gründen weinend wegrennen, hilft nur: ruhig bleiben und flexibel reagieren. Die Erfahrung zeigt: Es ist wirklich nicht schlimm, wenn sich Gruppen bilden und die gemeinsamen Aktivitäten nur ganz wenig Zeit einnehmen. Manchmal sind die Kleinen eben wie die Großen. Sie haben einen schlechten Tag und wollen nur in Ruhe mit dem Piratenschiff oder der Puppenküche spielen. Und seien Sie mal ehrlich: Sie haben ja auch nicht immer Lust auf gesellschaftliche Verpflichtungen. Wie oft haben Sie schon auf Partys kleine Gruppen Gleichgesinnter aufgesucht bzw. sind zwischen Küche, Wohnzimmer und Balkon hin und her gelaufen, um zu sehen, ob nicht doch einige nette Menschen unter den sonst langweiligen Gästen sind. Auf jeden Fall sollte die Geburtstagsfete keinen Zwang zur guten Laune darstellen. Vielleicht hatten sich das Geburtstagskind und der Gast gerade heute im gemeinsamen Kindergarten in den Haaren und haben sich beim Spielen gestritten? Steckste nich drin! Solche sozialgesellschaftlichen Unsicherheiten lassen sich eben nicht planen. Daher ist mein Lösungsvorschlag: cool bleiben. Lieber auf das mühevoll vorbereitete Spiel verzichten, als es mit mürrischen Kindern durchzuziehen. Auch wenn die Kinder die Regeln spontan ändern, ist das kein Beinbruch, sondern zeugt nur von deren kreativer Kraft.

Ganz wichtig ist auch das Essen auf den Geburtstagen. Ein immer wiederkehrender Irrtum ist, dass Kinder gerne viele Mampf-Spiele machen. Das ist zum Beispiel das »Schoko-Wettessen« mit Handschuhen, Mütze und so weiter und einem Würfel, der reihum geht. Das Problem: Wenn die Kinder dann noch Kuchen essen »sollen« und es vor dem Abholen noch etwas ganz besonders Leckeres zum

Abendbrot gibt, wird den Gästen ganz einfach schlecht. Ebenso muss man an die Kinder denken, die bestimmte Krankheiten oder Nahrungsmittelunverträglichkeiten mitbringen. Sind zum Beispiel Diabetiker oder Kinder mit Neurodermitis dabei, gibt es zwei Möglichkeiten. Erstens: Man richtet das gesamte Essprogramm auf diese Gäste aus, was allerdings etwas schwierig sein kann. Falls es »nur« um eine Unverträglichkeit von zum Beispiel Tomaten geht, ist das aber kein Problem. Der Vorteil dieser Lösung ist, dass sich das betroffene Kind nicht als Außenseiter fühlt. Die zweite Möglichkeit ist einfacher: Nach Rücksprache mit den jeweiligen Eltern kann man einfach eine Extraportion für das Kind vorbereiten.

Was sich immer bewährt und oft von den Kindern fast schon vorausgesetzt wird, sind Preise und Geschenke für die Gäste. Hier reden wir natürlich nicht von völlig überdimensionierten Präsenten. Kaufen Sie also bitte kein großes Playmobil-Set, auch wenn Sie sich das vielleicht leisten können. Das brüskiert höchstens die anderen Eltern, die so etwas allerhöchstens zu Weihnachten an den eigenen Nachwuchs verschenken würden. Es reicht völlig, wenn jeder Gast mit einem kleinen Beutel mit ein paar Süßigkeiten und vielleicht einem Kreisel, einer Pfeife oder Tattoos von süßen Pferdchen bis zu gefährlichen Totenköpfen nach Hause geht.

Die Variationen der zur Verfügung stehenden Spiele sind nahezu unendlich, sodass ich hier auf Vorschläge verzichte. Meistens reicht es schon aus, sich einmal eine halbe Stunde hinzusetzen und in seinem Hirn zu kramen. Was habe ich früher gerne gemacht? Was ist bei uns zu Hause möglich? Kann man ein paar Spiele im Freien machen?

Eine empfehlenswerte Seite, die eine Vielzahl von Vorschlägen bereithält, habe ich auch im weltweiten Netz gefunden: www.kindergeburtstag-spiele.de. Aber das sind wirklich nur Anregungen. Ich schaue mir die Vorlieben meiner zwei Kleinen einfach genau an und hoffe, dass ich richtig liege.

Karneval – Verkleiden macht Spaß!

Karneval, Fastnacht, Fasching – wie auch immer. Seien wir an dieser Stelle einmal ehrlich: Alle, wirklich alle, sind restlos froh, wenn das närrische Treiben am Aschermittwoch endlich ein Ende hat. Die einen, weil sie wieder ein sitzungsfreies TV-Programm erleben dürfen. Die anderen wegen der wiedererlangten Freiheit, nicht ständig feiern zu müssen. Der Aschermittwoch ist (zumindest im Rheinland) dem Neujahrstag sehr ähnlich, nur wesentlich ausgeprägter. Dieselben Menschen, die sich noch tags oder Tage zuvor fröhlich singend in Kneipen oder bei Umzügen zugeprostet haben, wandeln mit finsterer Miene durch die verklebten Straßen oder versuchen einsam und verkatert im Café den Latte macchiato bei sich zu behalten. Und die Stadt als solche ist so leise wie nach spontanen 20 cm Neuschnee.

Da ich im hessischen Offenbach aufgewachsen bin, hielt sich meine Begeisterung für den Karneval (plus sämtlicher Synonyme) bis zu meinem Umzug ins Rheinland in sehr, sehr engem Rahmen. Erst in Köln habe ich begriffen, dass der sogenannte Straßenkarneval, also das eigentliche Feiern, rein gar nichts mit der damals noch einzigen Fernsehübertragung der Mainzer Karnevalssitzung zu tun hat. Für mich als Kind stand natürlich sowieso das Verkleiden für den traditionellen Veilchendienstagszug im Vordergrund.

Aber wie feiert man eigentlich am besten Karneval mit Kindern? Es ist auf jeden Fall mit einigem logistischen Aufwand verbunden. Soll heißen: Meine Liebste und ich diskutieren schon ab Aschermittwoch, wer im nächsten Jahr an Weiberfastnacht weggehen darf. Einen Babysitter in dieser Zeit zu finden grenzt schließlich ans Unmögliche. In meiner Elternzeit hatte ich glücklicherweise das bessere Argument, weil ich ja die »Mutti« war und so auch eher den »jecken Wiever« zugerechnet werden durfte.

Scott, als geborener Bonner, freut sich immer wie ein Schneekönig, eine seiner vielen Verkleidungen im Kindergarten vorführen zu dürfen. Die Prioritäten wechseln zwar bei Kindern aus unerklärlichen Gründen oft (das kann manchmal wirklich zum Verzweifeln sein!), aber ganz oben auf der Liste stand bei ihm in einem Jahr das Kostüm »Fee«. Das war eigentlich für Mette gedacht, aber noch mindestens zweieinhalb Jahre zu groß. Doch kurz vor der Feier plagten Scott Bedenken: »Die anderen Kinder lachen mich bestimmt aus.« Gut, Kinder können grausam sein, aber dass schon im zarten Alter von vier Jahren solche Gleichberechtigungs-Probleme auftauchen, warf mich emanzipatorisch doch ziemlich zurück. Auch die Tatsache, dass sein Papi im letzten Jahr als Schneewittchen unterwegs gewesen war, konnte unseren Sohn nicht umstimmen. Für Scott war dann das – erschreckend authentische – Kostüm von Darth Vader die gruselige Alternative zur Fee. Bevor sich jetzt jemand unnötig aufregt: Scott kommt noch lange nicht in den »Genuss«, Star Wars zu sehen. Er hatte Darth Vader nur auf einem Plakat entdeckt und als Lego-Figur. Das warf wiederum Fragen auf, die mich dazu bewogen, ihm die Geschichte von Luke Skywalker und R2-D2 ganz rudimentär zu erzählen.

Mette hingegen war verkleidungstechnisch noch ganz unvoreingenommen und erduldete die Vorbereitungsprozedur für den Kindergartenkarneval als Piratin mit erstaunlicher Gelassenheit. Ohne Gegenwehr und voller Interesse, was ihre komischen Eltern da wieder vorhatten. Auch sie ist Bonnerin. Vielleicht liegt das also an der Luft hier ...

Der Rosenmontagszug ist bei uns traditionell eine Familienangelegenheit. Ich habe gelernt, dass man bereits nach der dritten Wiederholung von »Tradition« sprechen darf. Mutter als Fee (anderes Kostüm als Scott/Mette, aber gleicher Hut), Vater als Pirat (als extrem schlechtes Johnny-Depp-Double), Scott als Drache im Buggy und Mette als Chinesin in der Rückentrage. Alle darunter dick eingepackt und ab in die Altstadt. Und das war ein Spaß. Für Nicht-Karnevalisten ist das sicher kaum nachvollziehbar, aber bevor Sie endgültig in Unverständnis den Kopf schütteln, kommen Sie einfach mal im nächsten Jahr vorbei. Aber Vorsicht: Das macht süchtig.

Und ich kann dazu noch einen draufpacken: An Weiberfastnacht traf ich eine Nachbarin in der Kneipe. Junge Mutter in der Stillphase. Nach drei Stunden singen und tanzen brach sie zu ihrem Kind auf, um zu stillen, und eine Dreiviertelstunde später war sie zum Weiterfeiern wieder da. Hut ab und Viva Carneval.

Das Thema Karneval ist ein schöner Anlass, um einmal über die Geschlechterrollen nachzudenken. Aufgrund von eigenen Erfahrungen mit verkleidungstechnischen Auftritten als Schneewittchen oder Kellnerin kann ich sagen, dass vor allem die 365-Tage-Frauen stark beeindruckt waren. Und da stellt sich ja die Frage nach dem Warum. In einer völlig globalisierten Welt, in der Handys in rumänischen Provinzen zusammengebaut werden, in denen noch Eselskarren und Mofas zum Straßenbild gehören, in der Lebensmittel oder Blumen aus Ländern importiert werden, in denen die Bevölkerung Hunger leidet, und in der es der scheinbar grenzenlose Informationszugang ermöglicht, mit meiner Tante in Neuseeland über Glasfaser zu kommunizieren, ist doch die einzig interessante Frage, die bleibt: Wie fühlt es sich an, einmal im Körper des anderen Geschlechts zu stecken?

Um die gängigen Schubladen zu bedienen: Natürlich wäre es interessant zu wissen, warum Frauen

- physikalisch von IKEA und Tchibo angezogen zu werden scheinen
- *Sex and the city*, *Men in trees* oder Rosamunde Pilcher schauen
- nach einer Trennung ihre Frisuren radikal ändern
- kurz bevor sie eine Freundin treffen, vorher noch mal eine Stunde mit ebendieser telefonieren
- mehr als zwei Handtaschen brauchen.

Das sind wirklich die Phänomene, die ich mir nicht erklären kann. Sonstige Schubladen betreffs Einparken oder Zusammen-auf-Toilette-Gehen habe ich extra einmal außen vor gelassen. Warum es sich aber ÜBERHAUPT NICHT lohnt, über einen Tausch nachzudenken, auch wenn er theoretisch möglich wäre, haben Sie ja bereits im Kapitel über die Geburt nachgelesen. Falls Sie diese Seiten übersprungen haben sollten, bitte schnell nachholen.

Urlaub mit Kindern

Wie ging noch mal Urlaub? – der erste Säuglingstrip

Urlaub ist das berechtigte Fernbleiben vom Arbeitsplatz. Das klingt erst mal extrem nüchtern, ist aber unter Sozialwissenschaftlern eine etablierte Definition. Schließlich leitet sich das Wort auch von »erlauben« ab. Was aber stellt sich jeder Einzelne unter Urlaub vor? Das ist auch noch relativ einfach. Das Erste, was einem meist dazu einfällt, ist Erholung, raus aus dem Alltag, vielleicht noch Verreisen. Ausschlafen, Buch lesen, Wandern, Baden, Sonne und so weiter folgen dann als nächste Gedanken. Ich als Wärme liebender Mensch habe bei »Urlaub« immer Palmen, Strand, Sonne und Ruhe im Kopf. Schließen Sie doch einfach mal selbst kurz die Augen und stellen Sie sich Ihren ganz persönlichen Traumurlaub vor. Angefangen mit dem sorglosen Aufwachen in einem gemütlichen Bett, gefolgt von einem ausgiebigen Frühstück in der Vormittagszeit mit frischen Früchten, direkt vom Baum, vielleicht noch untermalt von seichtem Meeresrauschen oder zartem Vogelgezwitscher. Dann schlagen Sie satt und zufrieden ein Buch Ihrer Wahl auf. Vorzugsweise eines ohne tieferen Sinn, in das Sie, möglichst in einem gemütlichen Liegestuhl auf einer sonnigen Terrasse, versinken können, ohne sich Dinge, Personen oder Handlungen merken zu müssen ... Fertig? Prima. Jetzt fühlen Sie sich bestimmt ganz toll. Und nun vergessen Sie diese Vorstellung bitte ganz schnell wieder. DAS hat sich mit Kindern erst mal erledigt.

Dass Urlaube mit Kindern nicht mehr das sind, was sie mal waren, ist ja kein Geheimnis. Wie gern (und oft) erinnere ich noch mein früheres Leben. Diverse Rucksacktouren durch die Welt, den Jetlag genüsslich ausleben, irgendwann aufwachen und sich frühestens beim Frühstück überlegen, wie man den Tag am sinnfreiesten verplempert.

Wenn der Nachwuchs noch klein ist, gibt es zunächst kaum merkliche Veränderungen. Der Alltag ist sowieso vom Baby bestimmt, und die freien Tage zu dritt sind eine willkommene Abwechslung, vor allem für die Eltern. Aber auch da ist schon ein gewisser Wandel festzustellen. Der Urlaub bleibt nämlich irgendwie Alltag. Die Bedürfnisse des Säuglings sind ja tagtäglich dieselben, egal ob Sie sich in Castrop-Rauxel oder in der Karibik befinden.

Als Scott vier Monate alt war, haben wir genau diese Erfahrung gemacht. Wir buchten uns eine Woche im Januar in eine Ferienhütte an der belgischen Küste ein. Das Häuschen war Teil eines Ferienparks mit angeschlossenem Spaßbad und Kamin. Gemütlich ja, aber gerade Letzterer war aufgrund der Kohlenmonoxid-besorgten Eltern nur einmal in Betrieb. Zudem hatten wir uns zu dieser Ferien-Premiere ein Kinderreisebett zugelegt, das aber dummerweise nicht in das Schlafzimmer passte und entsprechend seinen Standort vor dem elterlichen Schlafzimmer fand. Die Folge war, dass meine Liebste und ich kaum geschlafen haben, um nur ja nicht ein leises Wimmern, Nahrungsverlangen oder Husten zu überhören. Feriendörfer haben zudem dummerweise die Angewohnheit, mindestens fünfzig gleich aussehende Häuschen zu haben, die den Charme eines George-Orwell-Romans verströmen. Bummeln gehen konnte man auch nicht, weil im Januar so ziemlich alle Geschäfte geschlossen

waren. Strandspaziergänge waren nur an zwei Tagen möglich wegen starken Windes. Die ganz Kleinen kriegen dann
einfach keine Luft. Und die Atmosphäre eines Spaßbads
als einzige Abwechslung rangierte auch mehr im Bereich
»Wenn's sein muss«. Mit anderen Worten: Es war schrecklich und so ziemlich das genaue Gegenteil von meiner Vorstellung von Urlaub. Mehr als drei Übernachtungen an einem Ort fand ich früher schon ziemlich spießig. Diese
Rastlosigkeit ist aus logistisch praktischen Gründen einfach nicht mehr drin mit Kind. Glücklicherweise ist meine
Liebste aber auch begeisterte Reisende. So haben wir in
den letzten Jahren eine gemeinsame Urlaubsplanung gefunden, die uns allen gefällt.

»Unverantwortliche« Fernreisen – ein Flug nach Laos

Allen? Nein, denn da gibt es ein kleines Dorf in Gallien …
Sehr zum Entsetzen vieler Eltern in unserer Umgebung beschlossen wir eines Tages mit dem anderthalbjährigen Scott
nach Thailand und Laos zu fliegen. Das Alter ist beim Fliegen übrigens ein entscheidendes Kriterium, denn ab dem
dritten Lebensjahr bezahlt man einen eigenen Sitz im Flieger.
Davor können die Kleinen für eine geringe Pauschale auf
dem Schoß mitreisen. Das ist gerade bei Fernreisen ein nicht
zu verachtender Kostenfaktor. Jedenfalls hatten wir ein Jahr
lang für diese Reise gespart, und ich freute mich, meiner
Familie bald das Land zeigen zu können, in dem ich 1998
meine Diplomarbeit geschrieben hatte. Laos. Damals noch
ein Land, das seine Grenzen gerade ganz vorsichtig öffnete.
Kein Tourismus und vielleicht gerade deswegen ein extrem
armes Land. Gebeutelt vom Indochina-Krieg, voll von mi-

nenverseuchten Gebieten, Agent-Orange-Auswirkungen, wohin das Auge blickte, und in den Urwäldern gab es noch versprengte Rote-Khmer-Gruppen. Vor allem aber ein Land mit unfassbar herzlichen Menschen, die mit jeder Faser eine mit innerer Ruhe gepaarte Lebensfreude ausstrahlen. Diese spannenden Eindrücke wollte ich nun mit meiner Familie teilen.

Meine Liebste und ich freuten uns tierisch, als wir den Flug nach Bangkok buchten, und wir hatten das Reisefieber. Was uns dann aber alles entgegenschlug, war wirklich phänomenal. Logischerweise erzählten wir ausgiebig von unseren Plänen und ungelogen, mindestens 70 Prozent der Eltern mit kleinen Kindern in unserer Umgebung fanden unseren Plan schlicht unverantwortlich. »Wie kann man nur mit so einem kleinen Wurm eine so anstrengende Reise machen!« Allein der lange Flug sei wohl genug Stress und die medizinische Versorgung vor Ort doch bestimmt katastrophal. Die Krankheiten, die man sich da einfangen könne. Die wilden Tiere. Das Klima. UNVERANTWORTLICH. Ehrlich jetzt: Es dürfte doch wohl klar gewesen sein, dass ich mit kleinen Kindern keine dreiwöchigen Dschungeltouren mache. Inzwischen bin ich selbst in einem Alter, in dem ich mir das auch ohne Kinder gehörig überlegen würde. Die Schwarzmalerei der Leute keimte dabei aber vor allem auf einem Boden der Unwissenheit. Wer nämlich überwiegend seine Urlaube zum Beispiel auf einem Campingplatz an der Nordsee verbringt und noch nie im außereuropäischen Ausland war, sollte sich meines Erachtens mit schwarzmalerischen Spekulationen zurückhalten. Und so ließen wir uns von diesen Kommentaren nicht stören. Falls Sie also einmal mit Kleinkind eine ausgefallene Reise planen, lassen Sie sich von Ihrem Umfeld nicht verunsichern. Ich bin mir ziemlich sicher, dass der Neidfaktor da auch eine gewisse Rolle spielt.

Selbstverständlich sollte man sich über die Gegebenheiten vor Ort genauestens informieren, und im Notfall sollte immer ein internationales Krankenhaus innerhalb einer Stunde zu erreichen sein. Doch bereits das Thema Flugreisen mit Kleinkindern löst bei vielen Menschen tiefe Ängste aus: Eingepfercht auf 0,3 Quadratmetern, wütende Blicke der Mitreisenden, die den wohlverdienten Jahresurlaub schon ab Einstieg genießen wollen – und zwar ohne brüllende Kinder.

Aber alles nicht so schlimm, wenn man als Eltern einige Dinge beachtet:

- Bei längeren Flügen immer abends einchecken. Scott zum Beispiel schlief eine halbe Stunde nach dem Start bis kurz vor dem Frühstück durch!
- Möglichst als Letzter »boarden«. Warum sollten Kinder gelangweilt noch zwanzig Minuten länger im Flugzeug bleiben, bevor etwas Spannendes passiert?
- Trotz dieser unsinnigen Anti-Terror-100-ml-Flüssigkeits-Regel immer die Trinkflasche gefüllt zur Hand haben. Gibt beim Einchecken unserer Erfahrung nach nie Probleme.
- Spielsachen mitnehmen und Stofftier nicht vergessen. Ein MP3-Player mit »Kleiner König« oder »Ritter Rost« wirkt auch Wunder.
- Direkte Flüge buchen, ohne umsteigen. Kostet mehr, spart dafür Nerven.

Klar war Scott bei dieser Reise sehr aufgeregt, obwohl er schon ein paar Mal zur Omi nach Berlin geflogen war. Sein Erstaunen beim Herauskommen aus dem Flughafengebäude in Bangkok war ob der neuen Eindrücke und der Hitze schon am frühen Morgen dann fast greifbar. Jetzt will ich Ihnen kein Urlaubstagebuch zumuten. Nur so viel: Scott war zum ersten Mal in einer Schlangen- und Skorpion-Farm, konnte von den ganzen Buddha-Figuren gar nicht genug bekommen, fuhr mit seinen Eltern auf einem Motorroller (ohne Helm und eingeklemmt zwischen Papa und Mama), spielte mit einheimischen Kindern das erste Mal am Meer, ritt auf einem Elefanten … und bekam hohes Fieber. Siehste, werden jetzt die meisten sagen. Aber, wer sich mit Kinderkrankheiten beschäftigt beziehungsweise das zwangsweise muss, weiß, dass Infektionen überall lauern. Tatsache ist auf jeden Fall, dass Scott nicht von wilden Tieren gebissen wurde, keine Malaria bekommen hat und dass er von den asiatischen Ärzten, die ihm ein Antibiotikum verschrieben, verhätschelt wurde. Alles in allem also ein toller Urlaub.

Urlaub auf dem Bauernhof

Da haben wir ihn endlich. DEN Urlaub, den man wahrscheinlich nur mit Kindern macht. Obwohl diese Art der Ferien in den letzten Jahren zu boomen scheint. Jeder Landwirt im Nebenerwerb mit einer freien Scheune scheint auf diesen Zug aufgesprungen zu sein. Mir ist das nur recht, denn dadurch erhöht sich auch das Qualitätsniveau. Kaum ein Hotel kann nämlich mit der kindgerechten Ausgestaltung des Urlaubs auf dem Lande mithalten. Nicht nur, dass es meist Kinderbetten, Hochstühle und Fläschchenwärmer im Überfluss gibt. Auch genügend Freiraum zum Rumtoben, Spielfläche und -plätze mit Schaukel, Bobbycar und Co. sind oft Standard. Und ob Sie es glauben oder nicht, gelangweilte Kinder sind die Hölle!

So ergab es sich eines Sommers, dass wir zu Gast auf einem österreichischen Bauernhof waren. Wie bereits beschrieben assoziierte ich Urlaub »ante Kinder« ausschließlich mit Strand, Hitze und Party. Im Tausch bekam ich nun Nieselregen, 15° C und Almhütten. Aber irgendwie habe ich mich in die Berge verliebt. Wegen des trüben Wetters war es auf unseren Wanderungen sehr einsam und romantisch. Scott konnte mit seinen vier Jahren schon ordentlich Höhenmeter schrubben, und Mette haben wir einfach auf den Rücken geschnallt. Und statt sinnlos am Strand einen Kater auszuhalten, ließen wir uns von Flora und Fauna faszinieren. Sogar Scott war nach den ersten üblichen Meckereien (»Wann sind wir endlich da?« – nach 200 Meter Laufen) vollauf begeistert. Ich fühlte mich nicht nur in meine Kindheit zurückversetzt, sondern teilte mit Scott auch viele jungfräuliche Erlebnisse. So habe ich als Stadtkind in Österreich zum ersten Mal in meinem Leben Heidelbeeren gepflückt, ebenso kann ich mich nicht erinnern, je zuvor so viele Fliegenpilze in freier Natur gesehen zu haben. Außerdem konnte ich mit meinem Sohnemann stundenlang Steine in den Fluss werfen. Das kann ja alles wohl locker mit einem Bungee-Sprung in Queenstown, Neuseeland, mithalten. Ob das am Papa-Gen liegt oder werde ich einfach nur alt?

Ein absolutes Highlight für Kinder, egal welchen Alters, sind auf einem Bauernhof natürlich die Tiere. Auch wenn keine Viehwirtschaft betrieben wird, gibt es immer irgendeinen vierbeinigen Streichelgefährten. Ob das jetzt die obligatorischen Hofkatzen sind oder ein paar Hasen. Hauptsache streichelbar. Wir hatten Glück, dass es auf unserem Bauernhof noch ein paar Kühe im Stall gab. Mit dem großartigen Ergebnis, dass Scott eines Morgens nach dem Frühstück von seiner eigenmächtigen Runde über den Hof mit braun bekleckertem Hemd und etwas streng riechend zu uns zurückkam und stolz rief: »Guckt mal, is Kuhkacka!« So was gibt's eben nur mit Kindern.

Familien im Doppelpack

Um der Langeweile-Gefahr im Urlaub vorzubeugen, bietet sich auch das Wegfahren mit Gleichgesinnten an. Wir hatten zum Beispiel einmal das Vergnügen, mit einem befreundeten Pärchen mit ebenfalls zwei Kindern eine Woche in Südfrankreich zu verbringen. Genauer gesagt ging es in die Sevennen. Für Geografie-Legastheniker wie mich: Das ist ein kaum besiedeltes Mittelgebirge und ein wunderschönes noch dazu. Endlose Wälder mit versteckten Quellen, deren leises Plätschern das Gemüt entzückt und deren Kühle die vom Wandern geschundenen Füße erfrischt. Ehrfurchtgebietende Felshänge und Schluchten, die einem schlicht den Atem stocken lassen. Und schließlich die mediterrane Sonne, die ein wahres Blütenmeer erstrahlen lässt … aber ist so viel Romantik mit Kindern drin?

Zu insgesamt acht mieteten wir uns einen großen Wagen, luden das Nötigste ein und fuhren abends los. Die Bedenken, dass, wenn eines der Kinder aufwacht, es die anderen drei aus dem Schlaf reißt, zerstreuten sich glücklicherweise sehr schnell. Alle Kinder schnarchten im Einklang von 21 Uhr bis 7 Uhr morgens, und wir konnten ganz ohne Quengeleien durch die Dunkelheit brausen. Wunderbar! Wenn wir mit zwei Autos gefahren wären, hätte das nur mehr Stress bedeutet. So hatte jeder Erwachsene nur um die 250 Kilometer zu fahren. Am Feriendomizil angekommen, waren die Fahrer zwar etwas müde, die Kinder dafür aber recht ausgeschlafen, sodass sie erst einmal die Gegend erkunden und schon Versteckpläne schmieden konnten. Toll war auch, dass sich die vier Erwachsenen mit der Kinderbetreuung prima abwechseln konnten. So hatte jedes Paar einen Abend für sich alleine, was ja auch mal ganz nett ist. Das Großartigste waren aber die Stunden, in denen die beiden Väter mit ihren Söhnen einen Staudamm an einem kleinen Bach gebaut haben. Ich habe keine Ahnung mehr, wie viel Zeit wir tatsächlich mit dem Errichten dieses technischen Meisterwerks verbrachten, aber es war ein phantastisches Papa-Sohn-Erlebnis. Wasser umleiten, guten Lehm suchen, Stöcke in gleicher Beschaffenheit erst vertikal, dann schräg einbauen, Wasserläufe unter Wurzeln legen, Brennnesseln verfluchen und so weiter. Die Papas gerieten in Verzückung und perfektionierten ihre Technik von Mal zu Mal. Zugegeben, unsere Söhne beschäftigten sich nach einer guten Dreiviertelstunde eher damit, geeignete »Schwerter« für einen Ritterkampf zu suchen, und verloren an unserem grandiosen Projekt jegliches Interesse. Aber, meine Güte, da mussten sie eben durch. Hallo, schließlich waren wir (die Papas) ja nicht zum Spaß da! Unsere Frauen waren sich jedenfalls einig, welche der Jungs gerade ihren Spieltrieb austobten in den Wäldern der Sevennen.

Mit einem anderen Paar mit Kindern den Urlaub zu verbringen hat eine ganze Menge Vorteile. Erstens langweilen sich die Kinder nicht, weil sie Gleichgesinnte zum Spielen haben und nicht nur die öden Alten oder die kleine Schwester. Zweitens kann auch mal ein Paar auf alle Kinder aufpassen, sodass ein sonst so seltener Tag zu zweit drin ist. Meine Liebste und ich verbrachten zum Beispiel einen Vormittag auf einem der typischen kleinen Bauernmärkte zwischen dem Duft von frischen Kräutern, Ziegenkäse und Honig, tranken viel Kaffee und widmeten uns einem schönen Buch!

Nicht zu vergessen das entspannende Verständnis der Mitreisenden mit Kindern, wenn man einfach irgendwo oder direkt nach dem Frühstück wickelt, der Nachwuchs gerade meint, einen Trotzanfall haben zu müssen, oder man selber einmal für eine Stunde faul in der Sonne liegen möchte. Irgendein Elternteil findet sich da immer zum Bespaßen.

Rolf Zuckowski – großer Musiker oder Nervensäge?

Beim Thema Verreisen mit Kindern kommt man um die entsprechende Musik fast nicht herum. Ich will gar nicht erst ein Geheimnis daraus machen. Ich bin kein bekennender Kinderlieder-Enthusiast. Mit dem Blick auf nicht-repräsentative Umfragen und Leserbriefe lehne ich mich jetzt mal weit aus dem Fenster: Das ist einfach kein Männerding.

Ein Beispiel aus der Praxis soll das verdeutlichen. Es war Wochenende. Alle rein ins Auto und Oma besuchen. Eineinhalb Stunden Fahrt, aus denen gefühlte drei Tage werden können. In Ermangelung eines mp3-Spielers (Kopfhörer sind was Feines) musste bei uns für den Audiogenuss der ab Werk eingebaute Blaupunkt herhalten. Ich hatte zwar gehofft, dass Scotts CD-Wunsch auf »Ritter Rost und die Hexe Verstexe« fallen würde, aber weit gefehlt. Obwohl Hochsommer war, musste der CD-Spieler mit Rolf Zuckowskis Weihnachtsliedern gefüttert werden. An dieser Stelle möchte ich noch betonen, dass sich Kinder generell nie an die journalistische Regel halten, »bringe eine saisonale Meldung immer rechtzeitig«. Scott sind Kalenderdaten oder hohe Außentemperaturen völlig wurscht. Wenn es die Weihnachts-CD sein soll, hilft kein argumentatives Zureden.

Auch wenn ich mich wiederhole: Ich habe wirklich nichts gegen Musik. Generell. Scott macht im Kindergarten schon seinen zweiten Musikkurs. Da wird nicht nur gesungen, sondern es werden auch Instrumente erklärt und so weiter. Ich bin selbst auch kein unmusikalischer Mensch. Schließlich hat meine Biografie anderthalb Bandjahre zu verzeichnen. Als Sänger! Wenig erfolgreich, aber ich konnte meine Staralluren in der Spätpubertät hervorragend ausleben. Nur das mit den Groupies wollte nicht so klappen. Und meine Platten- und CD-Sammlung von AC/DC (wichtig: als Bon Scott noch Frontmann war) über Insterburg & Co (schrille Siebziger) und Seeed (meines Erachtens einer der innovativsten deutschen Entdeckungen seit Jahren) bis Beethoven (3., 5. und 9. Sinfonie) kann einigermaßen mithalten. Aber hören Sie mal den Unterschied zwischen »Jail Break« (AC/DC) und »Alle Leut'« (obligatorisches und universell eingesetztes Abschiedslied). Da trifft Musikgeschichte auf den noch zu erbringenden Beweis, dass Kinder dieses Ritual wirklich gut finden. Scott und ich tanzen jedenfalls auch sehr ausgelassen zu »Dickes B, oben an der Spree ...«. So ausflippen tut der bei »Alle Leut'« dagegen nie. Mit viereinhalb Jahren hat Scott übrigens das erste Mal im Auto zu den »Smashing Pumpkins« geheadbangt und laut »ROCK'N'ROLL« gerufen. Was war der Papa stolz.

Aber wir waren ja bei den Kinderliedern von Herrn Zuckowski. Wussten Sie eigentlich, wie viele CDs der scheinbar mit der Akustikgitarre verwachsene Mann herausgebracht hat? 46, in Worten: sechsundvierzig! Das ist im Musikgeschäft sicher aller Ehren wert, aber, sagen wir mal, Bushido wird auch nicht besser, je mehr Tonträger von ihm verkauft werden. Rolf Zuckowski wirkt für mein Empfinden so ähnlich wie ein Hansi Hinterseer für Kinder, und ich kenne mittlerweile sehr viele Männer, die fast schon körperliche Schmerzen leiden, sobald Zuckowski zu hören ist. Woran liegt das aber genau? Ein durchschlagendes Argument für die Abneigung ist die Unermüdlichkeit von Kindern, was Wiederholungen betrifft. Sobald Kinder fähig sind, einen Knopf zu drücken, nimmt das Leid seinen Anfang. Ich wette mit Ihnen, dass sich die Aufmerksamkeit der lieben Kleinen ab diesem Moment ausschließlich auf den »Repeat-Knopf« richtet. Ich fühle mich da durchaus an meine Jugend erinnert. Wenn ich ein bestimmtes Lied toll fand, konnte ich mir das ohne Probleme zwanzigmal hintereinander anhören. Das waren dann aber meist englische Texte, und man hörte das auch vorwiegend wegen der Musik.

Jedenfalls sind zwanzig Wiederholungen von deutschen Kinderliedern eine Qual. Man will nicht immer wieder hören, warum der Prinz solche Zahnschmerzen hat oder das gruselige Monster doch nur der Schatten des Teddybärs war. Eigentlich habe ich gar nichts gegen Herrn Z. Ich kenn ihn ja nicht mal persönlich. Außerdem muss er hier ja auch nur als Synonym für die akustische Belästigung durch Kinderlieder herhalten. Fast tut er mir schon leid. Aber he, 46 Mal durchschnittlich 18 Lieder mal 20 Wiederholungen. Oh mein Gott! Und die Kohle, die er damit verdient. Aber tauschen wollen würde ich um keinen Preis. Allerdings ist es schon extrem herzerweichend, wenn Scott auf dem Rücksitz »In der Weihnachtsbäckerei« mitträllert und offensichtlichen Spaß dabei hat!

Meine CD-Tipps für Zuckowski-gestresste Eltern: »Winde vom Berg« von den Gebrüdern Jehn, Hans Spielmanns Weihnachtslieder, der »Traumzauberbaum« von Reinhard Lakomy und so ziemlich alles von »Ritter Rost«. Letzterer führt in Mitarbeit der Hexe Verstexe, die den Drachen Koks sucht, zu erheiternden Momenten bei Erwachsenen. O-Ton: »Wo ist Koks?«

Die große Frage, die hinter diesem »Hörproblem« für geplagte Eltern steht, ist natürlich: Wie halte ich mein Kind bei Laune? Oder übersetzt: Wie halte ich es mit meinem kleinen Energiebündel aus? Denn es gibt Alternativen. Da half uns bei langen Autofahrten an erster Stelle völlig unpädagogisch der Schnuller. Dieser Beruhigungssauger hat seinen Namen wohl offensichtlich im Auto bekommen und hilft tatsächlich. Was auch immer gegen Langeweile hilft, ist das Erzählen von Geschichten. Das ist unabhängig vom Alter und mit mindestens einem mitreisenden Erwachsenen auch kinderleicht. Meine Liebste und ich wechseln uns einfach ab, wenn dem anderen keine Fortsetzung mehr einfällt. Das kann auch durchaus die Nacherzählung eines schlechten Filmes sein, mit der drehbucherweiternden Phantasie der Erzähler geschmückt. Hauptsache Spannungsbögen aufbauen. Das klappt auch schon bei den ganz Kleinen. Je älter das Kind ist, desto einfacher wird das Ganze, indem man den Dreikäsehoch mit in die Geschichte einbindet. So ab vier Jahren kann man dann als Improvisationstheater-Eltern auch Stichworte vom Kind verlangen, die in die Erzählungen eingebunden werden müssen.

Und ob Sie es glauben oder nicht, das gute alte »Ich sehe was, was du nicht siehst« ist nach wie vor ein Renner. Scott hatte dabei sehr schnell begriffen, dass er sich Dinge aussuchen musste, die nur er auf der Rückbank sehen konnte. Da wird es dann ziemlich schwer für die Eltern.

Das, was man auf Reisen mit Kindern im Auto auf jeden Fall immer (IMMER) dabeihaben muss, ist genug Verpflegung. Die üblichen Quengeleien, »Ich hab Hunger, ich hab Durst, ich muss Pipi, wann sind wir da?«, kann man damit schon um die Hälfte reduzieren. Und das dadurch unumgängliche Aussaugen des Fahrzeuginnenraums haben wir immer am Ende der Ferien als Event an der Tankstelle zelebriert.

Alleinreisende Papas

Bisher klang das ganze Verreisen mit Kindern ja relativ kuschelig. Das liegt vor allem daran, dass wir fast immer in kompletter Besetzung unterwegs waren. Mama, Papa, Kinder. Ganz anders läuft das ab, wenn nur ein Elternteil mit Kind oder Kindern durch die Welt gondelt. Und da rede ich jetzt nicht von großen wochenlangen Urlaubsreisen. Das Übel kann durchaus schon klein beginnen.

Nehmen wir als Erstes eine Autofahrt von sagen wir drei Stunden. Scott neigt zum großen Vergnügen seiner Eltern zur Reiseübelkeit. Ich erinnere mich leider noch sehr detailgetreu an eine Fahrt auf der A3. Scott und ich unterhielten uns gerade über die Tatsache, dass Züge schneller sind als Autos (die neben der Autobahn laufende ICE-Strecke bietet den Anlass), als plötzlich ein »mir ist schlecht« von der Rückbank kam. Mit einem schnellen Schulterblick erkannte ich das fahlweiße Häufchen Elend auf dem Kindersitz und gleichzeitig die Gefahr einer äußerst unangenehmen Putzaktion. Schnelles Handeln war also angesagt, um die Polster unserer Familienkutsche vor größerem Übel zu bewahren. Glücklicherweise hatte ich vorne auf dem Beifahrersitz noch eine gefüllte Brotdose für die hungerbedingten Quengeleien auf der Fahrt. Blitzschnell also bei Tempo 130 die Box gepackt, mit einem Schwung aufgemacht und ausgeleert und nach hinten gegeben. Zwei Sekunden später begann Scott in die Dose zu spucken. Die Würgegeräusche und der unvermeidbare Geruch nach Erbrochenem waren zwar nicht besonders toll, aber zumindest konnte ich so das Spucken mitten auf den Rücksitz verhindern. Merke: Eine Brotdose ist nicht nur als Verpackung fürs Frühstück unersetzbar!

Ein weiteres Phänomen ergibt sich direkt nach der Windelphase. Ist das Kind erst trocken, freut sich der Papa. Oder eben auch nicht. Wir waren wieder auf der Autobahn unterwegs zu Scotts erstem Fußballspiel in einem Stadion (als Zuschauer) und mal wieder extrem knapp mit der Zeit zum Anstoß. Es kam natürlich, wie es kommen musste; er musste mitten auf halbem Weg. Und wenn Sie glauben, die Kleinen hätten ein Durchhaltevermögen wie die Erwachsenen, wünsche ich jetzt schon viel Spaß beim Einschäumen der Polster. Das Bedürfnis ist dann sehr plötzlich so dringend, dass man möglichst schnell anhalten sollte, um keine nassen Klamotten zu riskieren. Außerdem ist es den Kleinen meiner Erfahrung nach auch sehr peinlich, wenn sie in die Hose machen. Falls das doch einmal passieren sollte, ist in den ersten Monaten nach der Wickelphase ein ständiges Mitnehmen einer zweiten Garnitur von Vorteil. Bei Autofahrten plane ich auf jeden Fall seitdem einfach mehr Zeit für Pinkelpausen ein.

Ein schönes Erlebnis war indes immer das Fliegen mit dem kleinen Scott. Wir sind des Öfteren ohne Mama zu Oma und Opa nach Berlin geflogen. Mit einem kleinen Wurm kostete das zum Teil weniger als mit der Deutschen Bahn. Beruflich bin ich häufig die Pendelstrecke Bonn-Berlin geflogen. Da tummelten sich oft Minister, Staatssekretäre und sonstige Wichtigkeiten in den Sitzen. Wenn ich aber mit meinem Sohn unterwegs war, tauschte ich den Aktenkoffer einfach gegen die Windeltasche. DIE Gesichter hätten sie mal sehen sollen. So blieb eines Tages sogar Herrn Müntefering einmal der Mund offen stehen, als ich mit Scott zum Wickeln auf der Flugzeugtoilette verschwunden bin. Ich hätte gerne etwas bezahlt für den Einblick in seine Gedanken.

Am meisten Spaß macht aber das Alleinreisen mit Kindern im Zug. Rein beobachtungsmäßig. Im ICE der zweiten

Generation gibt es nämlich ein Kinderabteil, in dem alle Eltern mit ihrer Brut von den anderen, voll zahlenden Reisenden abgeschirmt werden. Das kann für Entspannung sorgen, da die Kinder unter sich sind. Muss es aber nicht. Sitzt man, so wie ich mit meinen beiden Kleinen, im besagten Abteil mit einigermaßen vernünftigen Elternteilen zusammen, kann das prima klappen. Man selber muss nicht die ganze Zeit den Bespaßer mimen, Spielzeuge werden ausgetauscht oder munter die Schnullerfarbe beplappert. Währenddessen unterhält man sich oder liest sogar ein Buch. Ganz anders ist es, wenn man mit weniger entspannten Menschen – groß wie klein – eingesperrt ist. Da können sich Minuten hinziehen wie Stunden. Oftmals ist entweder eine Übermutter dabei, die nicht will, dass ihre kleine Prinzessin mit anderen, fremden Kindern spielt, oder ein dreijähriger Satansbraten, der mit Vorliebe das Spielzeug der mitreisenden Kinder zerpflückt und zum Ruhigstellen erst mal ein Snickers in seine kariesbefallene Kauleiste eingetrichtert bekommt. Das ist ganz einfach Glückssache, auf wen man dort trifft. Toll ist aber in jedem Fall, dass die Kleinen herumlaufen oder sich auch mal schlafen legen können. Letzteres ist allerdings dann wieder ein großes Problem, wenn man kurz vor dem Aussteigen steht. Ich musste am Hauptbahnhof in Berlin einmal mit zwei schlafenden Kindern, einem Buggy, einem vollen Rucksack und Scotts Koffer aussteigen. Das versuchen Sie mal alleine. Ich hatte Schweißperlen auf der Stirn, bis ich endlich inklusive Kindern und Gepäck schnaubend auf dem Bahnsteig stand, und war heilfroh, dass der Zug tatsächlich ohne eines meiner Kinder, mich oder ein Gepäckstück weitergefahren war.

Nachwort

Eingewöhnungszeit für Papa

Irgendwann war es dann so weit. Der berufliche Alltag hatte mich wieder. Moment. Alltag? Wie sah der gleich noch mal aus? Der erste Arbeitstag kam jedenfalls unwiderruflich näher. »Jetzt beginnt wieder der Ernst des Lebens«, »Toi, toi, toi, dass du wieder schnell reinkommst« oder »Nun ist aber Schluss mit Wickeln« waren dabei die immer wiederkehrenden Sprüche aus meiner nächsten Umgebung. Sollte also alles so werden wie »früher«, gefühlte Jahre vor meiner Auszeit? Ich muss zugeben, dass ich schon ein eigenartig mulmiges Gefühl hatte, bald wieder jeden Tag am Eingangsterminal zu stehen und mich per Chip in meinen Laden einzuchecken. Wie hatte sich wohl alles verändert? Wir hatten zudem noch einen personellen Wechsel im Team. Hatten die sich nach meiner fast einjährigen Abwesenheit schon so eingeschworen, dass ich als Störfaktor empfunden werden würde? Würde ich gar sozial ausgegrenzt werden und war ich nun menschlich überflüssig? Würde ich in Entscheidungen nicht mehr direkt involviert sein, weil es ja ohne mich auch sehr gut lief? Die Unsicherheit wuchs tatsächlich von Tag zu Tag vor meinem Wiedereintritt. Dabei stellte ich aber meine Entscheidung für die Elternzeit überhaupt nicht infrage. Und doch überkam mich, vor allem kurz vor dem Einschlafen, ein beklemmendes Gefühl, das ich so nicht erwartet hatte.

Dann war er da, mein erster Arbeitstag. Papatime is over and out. Aber bleiben wir einmal beim chronologischen Ablauf rund um den Wiedereinstieg in das Leben MIT Arbeit: Die erste Woche im Büro ging nicht nur wie im Flug vorbei, sondern fühlte sich auch so an. Mein Gefühlszustand bewegte sich irgendwo zwischen 20 000 Fuß und Schwerelosigkeit. Ich erwischte mich eines arbeitsreichen Vormittags beim Händewaschen auf der Herrentoilette (ohne Wickelmöglichkeit) beim Betrachten eines mir unbekannten Spiegelbildes. Was mich da angrinste, war ein großes Fragezeichen, sofern Fragezeichen überhaupt zu grinsen imstande sind. Was mach ich hier bloß?

Ich würde jetzt gerne beschreiben, wie sehr ich mich nach elf Monaten Elternzeit mit Mette wieder nach den Kollegen sehnte, auf meinen heiß geliebten Büro-Ficus freute (hat überlebt), wie ich das Knarzen der Holzdielen im Altbau-Teil des Hauses oder den leicht morbiden Ozon-Geruch des Laserdruckers auf dem Flur vermisste. Stimmt aber so nicht. Andererseits kann ich auch nicht berichten von psychotischen Ängsten, wieder in den Büro-Muff einsteigen zu müssen, von Albträumen von misslungenen Pressemeldungen oder allgemeiner Gereiztheit, zum Beispiel wegen der Aussicht auf die Teilnahme an schier endlosen Sitzungen. Stimmt auch nicht.

Ich fühlte schlicht und einfach NICHTS. Nada, niente, null. Die beste Umschreibung für meinen Gemütszustand kommt aus den Tiefen der Achtziger: Ich lief herum wie Falschgeld. Komisch, dass solche Floskeln erst gute zwanzig Jahre reifen müssen, um ihre wahre Bedeutung zu offenbaren.

Nicht, dass Sie mich falsch verstehen. Ich saß nicht einfach den lieben langen Tag auf meinem ergonomisch korrekten blauen Bürostuhl und fragte mich nach dem Sinn des Lebens oder zählte die Holzspan-Einschlüsse der mich umgebenden Raufasertapete. Meine Wenigkeit war gleich mittendrin im Pressesprecher-Dasein, nicht nur dabei. Projekt-Übergaben, Besprechungen, Meldungen schreiben, sichten und redigieren. Eigentlich also alles wie gehabt und von null auf hundert. Der Körper und der Teil des Gehirns, der für Spontaneität zuständig ist, spielten zwar mit, aber der Geist betrachtete das ganze Spektakel aus einer respektvollen Entfernung. Nichtsdestotrotz freuten sich alle Kolleginnen und Kollegen, dass ich wieder Teil eines funktionierenden Teams geworden war. Nach drei Wochen waren dann auch wieder alle Teile meines Gehirns dabei.

Und jetzt halten Sie sich bitte fest. Ich arbeite bis heute sehr gerne und hatte es wirklich vermisst, mich mit Menschen auf fachlicher Ebene auszutauschen. Das war auf den Kinderspielplätzen, ähhh, sagen wir mal, nicht immer möglich. Natürlich vermisse ich auf der anderen Seite die intensivere Kommunikation mit Mette. Aber jetzt habe ich ja auch beides, nur quantitativ eben viel, viel weniger Babygeplapper. Eines Abends zum Beispiel machte Mette: »Gogadiddi« und dazu einen empörten Gesichtsausdruck mit Ärgerfurche zwischen den funkelnden Äuglein. Just gefolgt von einem freudestrahlenden »DA!« mit entgegengestrecktem, leicht gekrümmtem Zeigefinger. Was sie mir damit sagen wollte? Ich hatte keine Ahnung. Genau das ist aber das Dilemma. Hätte ich noch den ganzen Tag mit ihr, hätte ich genau gewusst, um was es ihr geht. So fand ich es einfach »nur« süß. Wie ein Unbeteiligter. Ein schmerzhafter Stoß in mein väterliches Herz! Schließlich hatte ich hauptberuflich elf Vierzehntel ihres Lebens mit ihr verbracht, und jetzt verstand ich sie schon nicht mehr. Damit hatte ich eigentlich erst mit dem Einsetzen der Pubertät gerechnet (ihrer, nicht meiner). So ist das also, wenn sich Vater und Tochter auseinanderleben. Schrecklich!

Da meine Liebste und ich nun beide wieder arbeiteten, hatte Mette auch ihren KiTa-Platz eingeweiht. Sie wurde Mitglied der Zwergengruppe und ist da glücklicherweise in sehr guten Händen. Für einen Teil der Eingewöhnungsphase nahm ich mir eine Woche Urlaub. Mette morgens bringen. Eine Stunde Kaffee mit Zeitung und dann wieder abholen. Das » Abgeben « war an vier von fünf Tagen an ein fürchterliches Wehklagen gekoppelt (Mette laut, ich leise) und einen vernichtend vorwurfsvollen Blick, der Eis in Millisekunden hätte schmelzen lassen. Das war hart. Klar klappte das nach einer Weile besser, und natürlich hatte sich Mette immer gleich wieder beruhigt, sobald ich außer Sichtweite war (habe an der Tür gehorcht), aber ich weiß nun auch, dass die Eingewöhnungszeit in der KiTa in Wirklichkeit mir gegolten hat.

Mit Beginn meiner Wiedergeburt im Job hat sich natürlich auch einiges im Familienleben getan. Jetzt war plötzlich tagsüber keiner mehr zu Hause, und das fordert dann doch eine ganze Menge Planung. Da ist neben dem In-den-Kindergarten-Bringen noch dreimal pro Woche Schwimmkurs von Scott und Mette angesagt, und Scott hat es sich in den Kopf gesetzt, mit seinen Kumpels im Verein Fußball spielen zu wollen. Montags steht noch Ergotherapie auf der Liste … und das wird mit zunehmendem Alter sicher nicht besser. Aber wie alles im Leben ist das » nur « eine Frage der Organisation, der Flexibilität und der Prioritätensetzung. Noch mal klar formuliert für alle Aufsichtsräte, Vorstandsmitglieder und Geschäftsführer: Menschen mit Kindern nutzen ihr Organisationstalent auch während der Arbeitszeit!

Glücklicherweise bin ich nach wie vor weit davon entfernt, den Sinn des Lebens in der eigenen Reproduktion zu sehen, und doch bin ich um Erfahrungen reicher, von denen ich nicht zu träumen gewagt hätte, aber auch um solche, die ich nicht auf meine persönliche Hitliste geschrieben hätte.

Das sind u.a.:

- Stationäre Aufenthalte in Kinderkliniken
- Völlige Abstinenz bezüglich Fußballabenden in Kneipen
- Familiäre Brechdurchfälle ansteckender Art (Rekord: 18 Waschladungen)
- Abends vor Erschöpfung nicht mehr das Ende von »Dr. House« erleben

Und es gibt nur ein Wort, das den ganzen monokausalen Unannehmlichkeiten mit Kindern gegenübersteht. Liebe. Grenzenlos, unerschütterlich und ehrlich. Meistens noch gepaart mit einer unfassbaren Wahrhaftigkeit an Lebensfreude. Sei es das hemmungslose Lachen beim Quatschmachen, die Intimität beim Vorlesen der Gute-Nacht-Geschichte, seien es die ersten selbstständigen Schritte oder das einfache Sein im Hier und Jetzt. Keine Sekunde mag ich davon missen.

Ein Familien-Update

Sie als Leserin oder Leser (Erstere werden wohl zielgruppenbedingt in der Mehrheit gewesen sein) haben sich im günstigsten Fall ein wenig amüsiert über meine Gedanken zu singenden (brummenden) Männern in Schwimmkursen, Kinderkrankheitsgeschichten, artgerechter Frühförderung, Taufalternativen oder Erfahrungen mit dem Wickeln außer Haus.

Bevor ich mich aber verabschiede, noch ein aktuelles Familien-Update: Mette wird jeden Tag erwachsener. Sie kann inzwischen schon ordentlich laufen und ist ständig am Plappern. Auch wenn man höchstens zwei Drittel davon zuordnen kann, ist der Faktor »süß« kaum zu überbieten. Ihr erstes Wort war übrigens seltsamerweise »Nase«. Immer gefolgt von einem zielsicheren Zeigefinger-in-die-Nase-Stecken. Glücklicherweise waren die Worte zwei und drei ihres Repertoires etwas gesellschaftsfähiger. »Mami« und »Papi«; in dieser Reihenfolge!

Scott zählt inzwischen die Tage bis zu seinem sechsten Geburtstag und beschäftigt sich einzig und allein mit der Frage, ob jetzt der »Star Wars«- oder der Dinosaurier-Schulranzen der coolere ist. Sein Drang, Neues zu entdecken, die Vorfreude auf die Schule und seine selbstvergessene Art, wenn er mit seiner Ritterburg spielt, sind herzerweichend.

Außerdem folgt gerade ein fünftes Familien-Mitglied. Was für mich heißt: Hallo Elternzeit, Teil III. Vielleicht hat auch der ein oder andere von Ihnen nun Lust bekommen auf das Experiment »Papa in Elternzeit«. Ich wünsche wirklich jedem diese Auszeit der besonderen Art.

Letztes Wort von Mami

Im Text bin ich die Liebste, und weil wir Frauen das ja gerne mögen, habe ich jetzt das letzte Wort.

Am Anfang als frischgebackene Mami beim ersten Kind fiel es mir schwer, Harald gleichberechtigt in Bezug auf unser Kind zu sehen. Irgendwie war ich der Meinung, dass ich als Frau und Mutter doch besser wüsste, was mein Kind braucht. Das fing beim Beruhigen des Babys an und ging beim Entdecken der Welt später als Kleinkind weiter. Ich bin sehr dankbar, dass er mir mal liebevoll geduldig und mal mit Nachdruck das Zepter aus der Hand genommen hat. Es dauerte ein bisschen, aber bald konnte er Scott genauso gut beruhigen wie ich. Und das sogar ohne meine Geheimwaffe Stillen. So wurde irgendwann aus dem »mein Kind« doch noch ein »unser Kind«. Bei Mette war es dann leichter, hatten wir doch unsere Rolle als Papi und Mami schon ein bisschen geübt. Wir können uns durch die gemeinsam gemachten Erfahrungen gut austauschen über unsere Kinder und über unsere Vorstellungen von Erziehung. Und es ist gut, wenn man seine Sorgen miteinander teilen kann und wenn man als Mami sieht, dass es dem Papi fast schwerer fällt, die Tochter in der Eingewöhnungszeit im Kindergarten weinen zu sehen, oder dass dem Vater mit seiner Zahnarztphobie sofort der Schweiß ausbricht, wenn der Sohn stolz an seinen ersten Wackelzähnen rüttelt.

Inzwischen, nach fast sechs Jahren gemeinsamer Erfahrung als Eltern, muss ich zugeben, dass Harald manche Dinge sogar besser kann als ich. Er ist viel ruhiger beim Ins-Bett-Bringen und kann sogar ziepfreier Haare kämmen als ich. Während mich Elterngespräche im Kindergarten sorgenvoll in die Zukunft mit einem kleinen Haudegen und Schulverweigerer blicken lassen, hat er eine gelassene Zuversicht, dass auch unser malfauler und stürmischer Erstgeborener seinen Weg und sein Lebensglück finden wird. Natürlich gibt es auch bei uns Dinge, die ganz geschlechtertypisch verteilt sind. Harald tobt ausgelassen mit den Kindern, während ich eher »Mensch ärgere Dich nicht« spiele, öfter vorlese und die Planungshoheit und ehrlich gesagt auch den Überblick über unseren Familienkalender habe. Inklusive Arzttermine und Verabredungen. Wenn abends unser Bett in ein Trampolin verwandelt wird, schaue ich oft augenrollend auf die Uhr und denke, dass es schon wieder viel zu spät ist und das Wecken morgens schrecklich wird. Also, alles ganz normal.

Und doch waren die sechs Monate bei Scott und die elf Monate bei Mette, in denen Harald Elternzeit hatte, eine gute und wichtige Grundlage für unser Familienleben. Allen hat es gutgetan: Papi und die Kinder haben eine intensive Beziehung miteinander aufbauen können. Das gipfelte sogar darin, dass Mette eine ganze Weile gebraucht hat, bis sie Mami und Papi richtig zuordnen konnte. Wir waren beide eine Zeit lang »Papi«. Offenbar waren wir beide eben wichtig für unsere Tochter und nicht nur ausschließlich die Mami, wie vielfach in der nächsten Umgebung beobachtet. Haralds Elternzeit hat mir außerdem die Freiheit gegeben, nicht nur Mutter zu sein, sondern auch zu arbeiten und mit gutem Gefühl abends mal auszugehen. In den 17 Monaten, in denen Harald zu Hause war, habe ich es sehr genossen, dass meine beruflichen Termine unangefochten Vorrang hatten. Nun stehen unsere Ansprüche gleichwertig nebeneinander, da wir beide arbeiten und uns um unsere Kinder kümmern. Es ist nicht immer einfach, Familie, Beruf und Freizeit unter einen Hut zu bringen. Aber wir versuchen das so zu lösen, dass kein einzelnes Familienmitglied längere Zeit auf der Strecke bleibt. Und weil eben jeder mal fast ausschließlich für den Haushalt zuständig war, haben wir beide auch im Alltag ohne Elternzeit einen Blick für die Aufgaben und verteilen Wäschewaschen und Einkaufen gleichberechtigt. Wobei Harald penibler putzt als ich, Rasen mäht, sich für einen Wäschetrockner starkgemacht hat und ich eher aufräume und koche. Aber wir sind beide dafür verantwortlich, wenn mal die Milch im Kühlschrank fehlt, was leider oft genug vorkommt.

Und weil es nun noch lange nicht selbstverständlich ist, dass sich Väter in der Kindererziehung und im Haushalt engagieren, sei Harald und allen Vätern auch die Aufmerksamkeit und Anerkennung gegönnt, die sie für Dinge bekommen, die Frauen schon so lange machen. Es ist unbeschreiblich schön, wenn wir manchmal unser gemeinsames Glück mit unseren Kindern betrachten und es gar nicht fassen können. Und die Diskussion, wer bei unserem dritten Kind wann und wie lange Elternzeit nehmen darf, dauert diesmal viel länger ...

Dank

Dass ich dieses Buch schreiben konnte, verdanke ich vor allem meiner Familie. In erster Linie danke ich natürlich meiner Frau für ihr Verständnis bezüglich meiner unzählbaren erzwungenen Auszeiten zum Schreiben. Eine Entschuldigung geht in diesem Zusammenhang selbstverständlich auch an Mette und Scott, die beide viel zu oft auf ihren Papa verzichten mussten (wir holen die verpassten Familienausflüge und Erkundungstouren auf alle Fälle nach!). Zudem entschuldige ich mich bei meinem Literaturagenten Michael Gaeb, dem ich nicht glauben wollte, dass dieses Buch überhaupt zustande kommen könnte.

Bedanken möchte ich mich auch bei der *Brigitte*-online-Redaktion, die mich als einzigen männlichen Blogger auf ihre Leserinnen losließ.

Ein besonderer Dank gebührt an dieser Stelle meiner Lektorin Ulrike Gallwitz. Sie hat mit ihrer immer ruhigen und konstruktiven Kritik dieses Buch wesentlich lesenswerter gemacht. Außerdem schulde ich ihr wegen diverser verpasster Termine noch etwa 28 Milchkaffees.

PENDO

Roman Leuthner
Hilfe, wir werden Großeltern

Was man als Oma und Opa wissen muss. 176 Seiten.
Gebunden

Eltern sind dazu da, dass die Kleinen schon einmal ihre Kräfte
messen können. Großeltern hingegen dürfen im ruhigen
Kielwasser der schlimmsten Erziehungsstürme segeln, so heißt
es. Denn während die eigentliche Verantwortung für die
Enkel bei den Eltern liegt, sind die Großeltern oft diejenigen,
die den Kleinen Schokolade mitbringen, mit ihnen in den
Zoo oder zum Eisessen gehen. Doch was sich so einfach an-
hört, kann durchaus ein paar Schwierigkeiten bergen:
Auch Großeltern fühlen sich für die Enkelkinder verantwortlich, wollen mit erziehen, wollen den Enkeln das richtige
Spielzeug kaufen und ihnen etwas bieten – kurzum, sie wollen
alles richtig machen.
Roman Leuthner gibt auf alle Fragen, die sich Großeltern früher oder später stellen, eine überzeugende Antwort – und
vor allem liefert er jede Menge Anregungen. Hilfe, wir werden
Großeltern ist ein ebenso praktisches wie augenzwinkern-
des Buch für alle Omas und Opas. Damit das Großeltern-Sein
buchstäblich zum Kinderspiel wird!

09/1028/01/L